お金って不思議。
金運はこうして動き出すの

ミラクルマネーの法則

尾崎友俐

GENTOSHA

まえがき

誰でも「ミラクルマネー体質」になれる!

定期的な収入があるのに、なぜかいつも「お金が足りない……」と感じる。

「老後の生活には、２０００万円の貯蓄が必要」といわれると「そんなに貯《た》められる!?」と不安でいっぱいになる。

多くの人は、このようにお金に対してなんらかの心配や悩みを抱えています。

その一方で、まるで親しい友だちのようにお金と仲良くつきあい、豊かに暮らしている人もいます。

あなたは「そんなの、セレブだけでしょ？」「今からそうなるのはムリだよね……」と、思うでしょうか。

でも実は、誰でも何歳からでも、性別も国籍も関係なく「必要なお金はいつでも降り注いでくる」人生に変えることができます。

「自然とお金が集まってくる」というミラクルを日常的に起こせる人を、私は「ミラクルマネー体質」と呼んでいます。

「ミラクルマネー体質」になると、いつでもお金が手に入るので、お金の不安やストレスがスッキリと解消されます。

そして、お金とほどよい関係を保ち、心から毎日を楽しめるスーパーハッピーな人生を送れるようになるのです。

ここが単なる「お金持ち」と「ミラクルマネー体質」とのイチバン大きな違いです。

実は、どれだけたくさんのお金を持ち、ビジネスで成功しているように見えても、お金に追われ、お金を失う恐怖を抱え、ストレスいっぱいで暮らしている人は少なくありません。

以前の私がそうでしたから、とてもよくわかります。

でも、お金とはほんらい、一人一人の人生にミラクルを起こしてくれるプラスのエネルギー。

「ミラクルマネー体質」になれば、プラスのエネルギー（お金）を、自分のもとにどんどん引き寄せて、お金と一緒にハッピーに生きることができるのです。

「マイ失われた10年」で学んだ「お金ちゃん」のこと

私は、1995年に1軒の炭火焼肉店からビジネスをスタートしました。

その後、一時は10店舗を超えていた直営店舗を売却、多店舗展開した経験をもとに、ビジネスのコンサルティングやプロデュースに主軸を移行します。

順調に顧問先が増えていた15年ほど前のことです。

担当するいくつかの企業で、立て続けに問題が発生します。

所得隠しや脱税などの疑いだったため、経営上のアドバイスをしていた私も、毎日のように事情聴取に協力しなければなりませんでした。

またそのころ、株を保有していた大手企業が倒産、数万もの株券が紙くずになってしまいます。

お金を追いかけ、お金に振り回される人たちに囲まれ、エネルギーがすり減っていく。

そんな日々に疲れた私は、お金とのつきあい方をもう一度、見直すことを決意します。

そして、コンサルティングの仕事でご縁があった沖縄に引っ越しを決めたのです。

住む場所を変えただけではありません。

私はいったん、収入をゼロにしようと試みました。

そもそも私の原点は、身のまわりのモノを売った１８０万円を元手に始めた1軒の炭火焼肉店です。

27歳で初めて、自分のビジネスとして開店したときと同じように、なにもないところから新しいお金との関係を築きたかったのです。

「プレミアムクラブ」という、今も20年以上続いている富裕層専門の結婚仲介業など、社内のサービスだけは東京に残し、コンサルティングやプロデュースなど他社とかかわるお仕事はお断りして、沖縄で小さなステーキの店を始めました。


選んだ場所は、場末の古びたスナックが建ち並ぶ地域。

都心では考えられないような値段で1軒のボロボロの古民家を借り、壁を塗り替えたり照明を変えたりしてオープンしました。

ひっそり始めたお店の売り上げは、当初は0円が続きました。

何日かたち、ふらりと立ち寄ってくれた方からいただいた最初の３５００円は、それはそれはかわいくて大切なもの。

まるで子ネコちゃんをなでるように、キレイにシワを伸ばして整えて、大事に箱にしまったのです。

いつの間にか、たくさんのお金が目の前をいったりきたりするのがあたりまえになっていたのでしょう。

お金を「ただの数字」としか思っていなかった自分を深く反省しました。

お金に対して感謝の気持ちがなくなっていた。

「なんて失礼なことをしていたんだー」と、胸がはり裂けそうでした。

そして「インカムゼロ作戦」は、私の人生で大きな転換点となったのです！

それ以来、私は「お金ちゃん」と声をかけ、私のところにきてくれたときだけでなく、出ていくときにも「ありがとう」と感謝しています。

そして「お金ちゃん」を大切にするようになったそのときから、私は「ミラクルマネー体質」に変わっていったのです。

「そんな夢みたいなこと」は、あちこちで起きています！

洗濯しようとしたら、ポケットから１０００円札が見つかった。
ボーナスが期待よりもうんと多かった。
ずっとほしかったものをタダでもらった。

誰でもこんな経験はあるはずです。
実は、こうしたこともミラクルの一つ。
「そんな夢みたいなこと」は、誰にでも起きているのです。

でも、ほとんどの人は、その瞬間「ラッキー♪」と思うだけで、すぐに忘れてしまいます。
「ミラクルマネー体質」になるためには、目の前で起きた小さなミラクルに気づき、きてくれた「お金ちゃん」に感謝しましょう。

この本では、そうした「ミラクルマネー体質」に変わるための考え方や行動のコツを、３ＳＴＥＰでご紹介していきます。

そもそも「ミラクル」を日本語にすると「奇跡」や「不思議なこと」となります。でもそれは、これまでの常識で測るから「めったに起こらない奇跡」と思うだけ。実はミラクルは「誰にでも、日常的に起こること」なのです。

この本に書いてあるのは、単なる「運気アップのジンクス」や「おまじない」ではありません。

私が、20年以上もビジネスの世界に身を置き体験したことから見出した「お金ちゃん」の本質とつきあい方です。

今から振り返ると私は、自分でも驚くほど多くのビジネス上の危機を乗り越え、新たな展開へとつなげてきました。

そして幸いなことに、ゼロからやり直した沖縄でも、今では石垣牛やアグー豚のしゃぶしゃぶ店など、４店舗を経営。

企業の成長を支援するためのコンサルティングやブランディング業務も順調で、「飲食チェーン２５０店舗の設計などの出店コンサル」「海外イベントに出店するフード取り扱い企業のマッチング」「有名百貨店内の飲食店Ｍ＆Ａ」など、数多くのお仕事にかかわらせていただいています。

そしてなにより、ビジネスはどんどん成長しているのに、以前のようにお金に翻弄されて疲弊することがなくなりました。

「今日もすばらしい１日だった！」と、笑って眠りにつくことができる心おだやかな毎日を過ごしています。

この本によって、一人でも多くの方が「ミラクルマネー体質」に変わり、自分にとって最高の人生を手に入れてくださることを願っています。

2020年

尾崎友俐

お金って不思議。金運はこうして動き出すの・目次

STEP 1

「じぶんを幸せにする！」と決める

装幀　石川直美

装画　江口美穂

DTP　美創

協力　天才工場

　　　塩尻朋子

「ミラクルマネー体質」になるのはたったの3STEP

この本では、読んで実践すれば、誰でも「ミラクルマネー体質」に変わることができる方法を、次の３つのステップでご紹介していきます。

●ＳＴＥＰ１「じぶんを幸せにする！」と決める
●ＳＴＥＰ２「お金ちゃん」と仲良くなる！
●ＳＴＥＰ３　ミラクルを起こし続ける！

「ミラクルマネー体質」になる方法は、とってもシンプルです。

あなたはもしかしたら、

「え？　こんなカンタンなことでお金が自然に集まってくるの？」

と思うかもしれません。


でも、ミラクルの起きるしくみは、実はカンタンなんです！

ただ、ほとんどの人が「まさか、そんなことでお金が降り注いでくるわけがない」

と思っていますから、シンプルなことほどできていない。

まずは、そのことを知っておいてください。

最初に「ＳＴＥＰ１」で、「じぶんの『思考停止度』」をチェックしてみましょう。

今の状態がわかったら、「ＳＴＥＰ１」の「じぶん中心になる」ことからスタートするのをオススメします。

「これならできそう！」と感じることから始めるといいでしょう。

そして、いくつかできるようになったら「難しそう……」だと思うことにもチャレンジしていきましょう。

今、できていないことができるようになれば、「お金ちゃん」との関係でも大きな変化を実感できるはずです。

そして「ＳＴＥＰ１」のほとんどをじぶんのものにしたら「ＳＴＥＰ２」「ＳＴＥＰ３」と実践していきましょう。

でも、これはあくまでも基本の進め方。

一人一人の状況は異なるはずですから、ルールはありません。

「ＳＴＥＰ２」から始めて「ＳＴＥＰ１」に戻ってもかまいません。

大切なのは、時間がかかってもいいので、ぜんぶの項目を試してみることです。


「ほとんどできるようになった！」

と感じるころには、あなたのもとにもミラクルマネーが押し寄せてくるでしょう！

STEP 1 「じぶんを幸せにする！」と決める

必要なときはいつでも「お金ちゃん」（私はこう呼んでいます）が降り注いでくる。

そんな「ミラクルマネー体質」になるために最も大切なのは「あなたがキラキラと輝いていること」です！

「お金ちゃん」は、「白馬に乗った王子さま」と同じです。

「お金ちゃん」も「白馬に乗った王子さま」も、ヒロインが困っていたらさっそうと現れて救出し、豊かで幸せな生活を送らせてくれます。

ただ「お金ちゃん」も「白馬の王子さま」も、光っていない人は見つけることができません。

あなたがキラキラと輝いていると「おや？　あそこでなにか光っている？」と見つけて、あなたのもとにやってきてくれるのです。


私たち一人一人は、誰もがダイヤモンドの原石です。

キラッと輝き「お金ちゃん」に愛されて、幸せになるために生まれてきています。

でも、ほとんどの人が社会のルールやまわりの望みにあわせて、知らず知らずのうちに光り輝く本質を抑え込んでいます。

そこでキラキラ輝く第一歩として、誰よりもまず「じぶんを幸せにする！」と決めてください。

誰もが、じぶんの人生の主役です。

「じぶん中心」になり、じぶんを人生の主役として生きる覚悟を決めましょう。

そうすることで、内に秘めたエネルギーが放たれてキラキラ輝くことができるのです。

「STEP1」では、じぶんを輝かせるために、まずとらわれている思考の枠をチェックします。

そして、どうやったら「じぶん中心」になってキラッと光れるか、その方法をお伝えします。

STEP 2 「お金ちゃん」と仲良くなる！

多くの人は「お金ちゃん」を、単なるモノやサービスとの交換ツールだと考えています。

そして、以前の私のように、ただの数字として無感情に接しているでしょう。

たとえば、ＡＴＭでお金を引き出したら、あいさつもせずにガサッとおサイフにしまい込んでいませんか？

「ミラクルマネー体質」になりたければ、それは今すぐ改めましょう！

「お金ちゃん」にだって感情があります。

たとえばあなたが、お友だちの家に遊びにいったとしましょう。

お友だちに会うのがうれしくて、ニコニコしながら「こんにちは！」といったのに、無表情で「あ……」と対応されたり無視されたりしたらどう思うでしょうか。

さみしくて悲しい気分になりますよね。

傷ついて「もう会いにくるのはやめようかな」「友だちでいるのをやめようかな」なんて思いませんか。

「お金ちゃん」だって同じように感じています。

「お金ちゃん」は、これからどんなことが待ち受けているのかなと、ワクワクしながらあなたのところにきています。

大歓迎してもらって、心地よくおサイフに収まりたいなと思っているのに、乱暴におサイフに押し込まれたら、ガッカリして長居してくれなくなるでしょう。


私はお金を引き出したら、お札に書かれている数字の「0」の部分に、ニッコリスマイルのマークがかかれていると感じながら「こんにちは！」とあいさつします。

あ、家の中では声に出していますが、外では心の中でいっています（笑）。

まわりに人がいないところでお金を数えるときは「お金、お金〜♪　お金ちゃ〜ん

♪」と歌いながら数えます。

「お金ちゃん」は、あなたの人生を豊かにしてくれる存在というだけでなく、友人でもあり人生のパートナーでもあります。

「お金ちゃん」と、一生仲良くするためのコツは「ＳＴＥＰ２」でお話しします。

STEP 3 ミラクルを起こし続ける！

「ミラクルマネー体質」になると、どんなことが起こるのか、私の体験からお話ししましょう。

事業を営んでいると「入金」「支払い」の管理も大切な業務の一つです。

なぜなら、会社勤めの人のお給料のように、毎月、決まった日に決まった額が振り込まれるのではないからです。

あるとき、取引先の1社から「今月は、期日に支払えない」と連絡がありました。

予定していた入金がないと、こちらも支払いができなくなるのでピンチです。

「ミラクルマネー体質」になる前は、そんなときはお願いして半額だけでもいただいたり、支払いを調整したりしてやりくりをしなければなりませんでした。

しかし「ミラクルマネー体質」に変わったあとは、同じような状況でもどんなことが起こるか。

「今月末には支払えない」といわれお金の算段をつけていたのに、なぜか振り込まれているのです。

それも期日前に。

実は、「あてにしていなかったお金が振り込まれている」というのは、まだまだ

「ミラクルマネー」の初級です。

中級になると、郵便ポストにお金が入っていたり、枕元にお金が置いてあったりします。これ、ほんとうです。

タネを明かせば、以前に貸したお金だったり、すっかり忘れていたものが売れた代金だったりしますが、いきなり札束が現れるとビックリします。

こんなミラクルを起こし続けられるように「ミラクルマネー体質」を強化するのが「STEP3」です。

「STEP1」「STEP2」とステップアップしてきた「お金ちゃん」との関係を、よりよく、強固にしていきましょう！

STEP 1

「じぶんを幸せにする！」と決める

じぶんの「思考停止度」をチェックする！

今、時代は大きく変化しています。

「社会にあわせてガマン」して、目標に向かって必死にがんばることで幸せが手に入ったのは、もはや過去の話。

これからは、誰もが「心に素直でじぶんらしく生きる」ことで、運を味方につけてハッピーに生きる時代です。

社会のルールや他人の望みにあわせるのではなく、じぶんが主役の人生を送る。

そのために「ＳＴＥＰ１」では、まず、あなたがどれだけ「これまでの社会の枠」にとらわれて「思考停止」になっているかをチェックしていきます！

ここにあげる項目があてはまる人ほど「思考停止」に陥り、じぶんで決めることを放棄して「お金ちゃん」と幸せを逃している気がしてなりません。

でも、その一方で、意識次第で大きく変わる可能性も高いといえるでしょう。


安心してください。

今のあなたが、どんな状況にあっても大丈夫です。

ほんの少し意識を変えるだけで、流れは大きく変わります。

あなたは、ヨットや船に乗った経験はありますか？

広い海の上では、船はほんのわずか角度がずれただけでも、最終目的地とは遠く離れた場所にたどり着きます。

同じように今はとっても小さく思えるチャレンジかもしれない。

でも、動き出せば未来は大きく変わるのです。

チェック❶ クリスマスや記念日はとっても大切だと思ってない？

ひとりぼっちを表す「ぼっち」とクリスマスをくっつけて、クリスマスを一人で過ごす「クリぼっち」という言葉が流行《はや》りました。

クリスマス以外にも、特に女性はイベントが大好きです。

バレンタインデーやホワイトデー、父の日や母の日以外にも、誕生日や彼氏との記念日は、祝わないと気がすまない人が少なくありません。


私はイベント好きな人を見るたびに、平賀源内と土用の丑《うし》の日の話を思い出します。

「土用の丑の日にはうなぎを食べる」のは、日本の伝統のように思われています。

でも実は、これは、平賀源内がつくったキャッチコピーだという説が有力です。

そもそもうなぎは、冬眠に入る前に脂肪を蓄える秋から冬にかけてが「旬」の時期。

そのため、夏は売り上げが落ち、困ったうなぎやさんが、平賀源内に相談したそうです。

そこで、平賀源内は「丑の日だから〝う〟のつくものを食べると縁起がいい」と語呂合わせを考え出します。

さらに、うなぎはもともと「精をつけるのにいい」とされていたのに目をつけ、無理やり「夏バテの時期にはうなぎ」として派手に宣伝したのだそうです。

クリスマスも同じこと。

クリスマスは、そもそもキリスト教の一部の教派のお祭りです。

キリスト教徒が、家族で過ごしたり教会にミサに出かけたりする日なのです。

それなのに、日本ではいつの間にか「チキンとケーキを食べて、プレゼントを交換する日」や「カップルが豪華なディナーを食べる日」になっています。

バレンタインデーやホワイトデーだって、チョコレートやキャンディが売れるとうれしい人たちが背後にいます。

「土用の丑の日」と同じように仕掛けた人が必ずいるのです。

そんな戦略に乗せられて「クリスマスに一人なんてさみしい」と考えるのは、バカバカしいと思いませんか。

パートナーや大切な人がいるなら、クリスマスだけでなく、いつでも相手のためを考えて行動すればいいのです。

たとえ相手がいなかったとしても、なぜそのたった１日、一人でいることが「さみしい」のでしょうか。

ほかの３６４日と同じように過ごせばいいのです。

じぶんのために料理をつくったり気になっていた映画を観たり、あなたの大切な時間を有意義に使いましょう。

また、親孝行だって、父の日、母の日などの特定の日だけでなく、思いついたときに何回もしたほうがいいに決まっています。

私は、じぶんの「結婚記念日」ですら覚えていません。

夫の生年月日も覚えていません。

それよりも、夫婦で毎日仲良くしているのですから、それでいいのです。

チェック❷ 「売り上げランキングNo.1」だとつい買ってしまってない？

インターネットでも、リアルのお店でも、

「クチコミで人気No.1」

「今週の人気No.1のメニューはコレ！」

「化粧品サイト売り上げ第1位」

などと、「ランキング1位」をアピールしまくっているのは、それだけ販売効果があるからでしょう。

でも、「みんなが買っている＝いいもの」だと無条件に考えて買ってしまうのは、思考停止しているのではないでしょうか。

私はお店で「皆さん、こちらを選ばれますよ」「とても人気のあるお品です」といわれると、逆に買う気をなくします（笑）。

また、やたらと数値やエビデンスを気にする人も、じぶんの判断に自信がなく、ほかの人の意見に左右されているといえるでしょう。

「でも、数字は事実を表しているよ？」とあなたは思いますか？

実は、数字や研究結果っていくらでも操作が可能です。

統計をとるときに、構成要素の範囲や母集団の属性を変えれば、まったく異なる結果を導き出すことができます。

また、企業がスポンサーになった研究結果は、おのずとその企業に有利なものになるでしょう。

クリスマスやイベントと同じように「テレビで話題！」「10週間連続№1」などといったコピーを見たら、誰かが仕掛けていると思ったほうがいいでしょう。

こうした情報に影響されないようにするには「じぶん中心」になることです。

じぶんはなにが食べたくて、どこにいきたいか。

今、どんな気分でなにをしたいか。

いつもじぶんに問いかけて、じぶんを尊重してあげれば、じぶんにとってふさわしいもの、ベストなものが自然とわかるようになります。

そうして、どんどん「ミラクルマネー体質」に近づいていくのです！

チェック❸ 大学を卒業して就職するのが〝まとも〟な人だと思ってない？

高校を卒業したら大学に入学し、大学卒業と同時に新卒で就職、そして定年になるまで勤め上げる。

そんな社会のしくみが、誰にとってもうまく働いていたのは、経済が右肩上がりで成長していたときまでです。

終身雇用制度はもはや崩壊し、副業や転職があたりまえの時代になっています。

それなのに、いまだに大学4年になると、いっせいにリクルートスーツを着て就職活動をする人のなんと多いことか。

もちろん、親元から離れて生活していたり、結婚して家族を養う必要ができたりするなど、卒業してすぐに働かなければならない事情もわかります。

でも、じぶんの人生を「まわりがみんなそうするから」「それがあたりまえだから」と、他人が決めたレールに乗って生きるのは、変化の激しいこれからの時代は特に怖いことだと考えてほしいのです。

私が大学を卒業したのは、まだまだ「大学を卒業して就職をするのが〝まとも〟な人」と考えられており、ほとんどの人がそうしていた時代です。

あるとき、一つ上の先輩のところに遊びにいくと、段ボール箱数個分の「新卒向け会社案内」が届いていていました。

先輩は、資料をかたっぱしから見て「どの企業にしようかなー」と考えています。

その様子を見ていた私は、先輩には申し訳ないけれど、心の中で「ドン引き」していました。

だって「せっかく大学生活を終えて社会に羽ばたくのに、そんなカタログみたいなものでじぶんの人生を決めるの？」と思ったから。

小学5年生のとき『ノストラダムスの大予言』を読んで大きく影響を受けた私は、いつも心のどこかに「大変だ、私は31歳で死んでしまう！」という気持ちを抱えていました。

そのため、大学を卒業するときになっても「会社に一生を捧げる」勇気が持てず、学生時代にヨットに乗っていたライフスタイルの延長で船会社に入り、契約社員として船の乗組員になったのです。

「31歳で死んでしまうなら、それまでに世界一周して、世界中のおいしいものを食べたい！」

というのが、当時の私の目標でした。

そこで、旅行資金を貯めるために、休日はピンクのハーレーに乗り、全国のガソリンスタンドをまわってカー用品を販売する、完全歩合のアルバイトをしていました。

また、仕事をしながら、夜遅くまで焼き鳥やさんやクラブなどでフルートを奏でるアルバイトなどもしました。

大好きなバイクに乗ったり、フルートを演奏したりして、楽しみながらお金を稼いでいたのです。

「それは、尾崎さんだからできるのでは？」と思うでしょうか。

私は決してそうは思いません。

当時よりももっとテクノロジーが発達している今、じぶんが好きなこと、得意なことを活かしてお金に換える方法はいくらでもあります。

インターネットで手づくりの小物を販売するのもいいでしょう。

また、じぶんなりに極めた掃除のやり方があるなら、電子書籍にまとめて販売することもできるはずです。

もちろん、会社勤めをするなといいたいのではありません。

仕事が楽しければ、働く形態は問題ではありません。

ただ「みんなと同じ」ことをして、じぶんを見失っている人があまりにも多いのです。

なにをしているのが楽しくて、なにをしていると時間を忘れるほど熱中できるか。

そこをキチンと見極めて、じぶんを活かしてあげることが、ミラクルマネーが降り注ぐ第一歩となるのです。

チェック❹ テレビはいつもつけっぱなしじゃない？

実家に帰ると、母と話があわなくて困ることがあります。

なぜかというと、母は一日中テレビをつけっぱなし。

朝のドラマから始まり、一つめのワイドショー、二つめのワイドショー、ニュース、CMの繰り返し。

話題はもっぱら「芸能人の薬物問題がどうのこうの」「皇室の誰それさまのお相手はどうのこうの」「事故を起こしたバスの運転手はけしからん」など、聞いている私はちんぷんかんぷんなのです。

これは私の母だけではないでしょう。

テレビやインターネットから流れてくる情報に、一日中さらされていると、アタマの中は「他人のこと」でいっぱいになってしまいます。

これはほんとうにもったいないことです。

他人のことに一喜一憂する時間があったら、ぜひ「じぶん」に興味を持ってほしい。

そして「じぶん」を心地よくハッピーにすることに時間を使ってほしい。

なにも考えずに取り入れていた情報をシャットアウトすると、自然に会話の内容も変わってきます。

面白かった本や映画の内容、花の色や夕陽《ゆうひ》の美しさに感動した話、または、バスでおばあさんに席を譲ったときにした会話など、じぶんらしさいっぱいの話題になるはずです。

家にいるときは一日中、テレビをつけっぱなしだったり、インターネットを見ていたりする人は「テレビを見ない日」や「インターネットに接続しない日」をつくってみるのはどうでしょうか？

「ミラクルなお金ちゃん」は、他人のゴシップでアタマをいっぱいにしている人のところには寄り付かないのです。

チェック❺「世の中の流れを知る」ことが大事だと思っていない？

私が、テレビやインターネット、新聞や雑誌などからの情報を、ときにはストップするのをオススメすると、必ず、

「でも、そうすると、ニュースにうとくなりませんか？」

と聞かれます。

でも、ここでハッキリと私の考えをお伝えしましょう。

「ミラクルマネー体質」になるために、世の中の動向を知る必要はないのです。

私は、じぶんでビジネスを運営していますが、経済系の新聞やテレビ番組などもほとんど見ることはありません。

「日経平均がいくら」「今日のドルはいくら」などを知らなくても、困ったことはないのです。


多くの人は「世の中があって、じぶんはその中の一人」と思っています。

でも、考え方を「じぶんがいて、世の中がある」に変えたほうが、ダンゼン楽しくなります。

「あの人は〝じぶん中心に世界がまわっている〟と思っている」といわれるのは、自分勝手だという意味があり、一般的によくないことだと考えられています。

でも、私は「それでいい」と思っています(笑)。

この話をするとよく笑われるのですが、私は、世界には「存在そのものが知られていない秘密結社のような存在」がいる可能性があると思っています。

そして、世の中を操るためにいろいろな情報を流している（笑）。

だって考えてみてください。

もし、あなたがどこかの国の君主だったら？

たとえば、私がどこかの国の王様だったら、国民を統制し反乱を起こされないよう「貧しくても清らかに暮らすのが尊い」とか「国のシステムに従っているのが幸せ」と思えるようなテレビ番組をつくりニュースを流すでしょう。

すべての情報がそうだとはいいませんが、私たちのような一般庶民には、ほんとうの情報は入ってこないと思って、私はあきらめています（笑）。

そうして、世間のニュースなどを断つと、いちいち振りまわされなくなるのでものすごくラクになりました。

特に、芸能人のゴシップなどがあちこちで取り上げられて話題になっているときは

「その裏でなにかが起こっているのかもしれない」と考えるのも楽しいものです。

もしかしたら、国民の注意を引きつけている間に、私たちに不利な法案などが提出されていたりする可能性だってあるかもしれませんよ。

チェック❻ 疲れたら「栄養を補給しなきゃ」と考えてない？

「疲れたなぁ」

「風邪をひいた……」

そんなとき、食欲がないのに「元気をつけなきゃ！」と、無理やりご飯を食べようとする。

それってほんとうに、カラダにいいことなのでしょうか。

1日3食をしっかり食べると、消化と吸収に必要なエネルギーは、なんとフルマラソンに相当するといわれています。

そのため「食べない＝断食」をすることで、そのぶんのエネルギーをカラダの修復に使うことができるのです。

私も最近、定期的に断食（ファスティング）をすることで、食べないことの効果を強く実感しています。

正しい方法でファスティングを行うと、たった1回でも「カラダが変わった」ことがハッキリとわかります。

私の場合は、3回のファスティングで体重が10キロ減っただけでなく、毒素が抜けたようにカラダが軽くなり、内臓の調子も絶好調になりました。

変ないい方かもしれませんが「今なにをどのくらい食べたいのか」を、内臓が語りかけてくれるようになり、胃腸と会話ができるようになっています（笑）。

私のまわりでも、ファスティングを行ったあと「便秘が治った」「肌がピカピカになった」「花粉症がおさまった」「更年期障害が軽くなった」「ヤセた！」など、さまざまな効果を感じている人がたくさんいます。

「病気のときは食べないと治らない」というのは、栄養が不足しがちだった時代のこと。

一般的に食べすぎの傾向にある現代人は「●●を食べる」など、プラスの健康法ではなく、マイナスすることでいったんリセットすることができ、風邪をひいたり病気になったりしにくいカラダがつくられるのです。

しかもガッツリやせられるなんて「一石二鳥」です！

もちろん、ファスティングがすべての不調に有効なわけではありません。

治療が必要な病気なら、病院にいく必要があるでしょう。

でも、あなたのカラダは、これからも一生つきあっていく大切なパートナー。

「カラダにいいといわれているから」という理由で、なにも考えずに食べものやサプリメントを詰め込んだりしないでほしい。

この世での喜びや幸せを味わえるのは、肉体があるからこそです。

どうすればいい状態でいられるか、じぶんで考えて健康でキラッと光るカラダをつくりましょう。

チェック❼ 「いつも」のパターンがラクでいいと思ってない？

お勤めをしていて、週末2日間がお休みの人であれば、月曜日から金曜日まではこんな生活を送っていませんか。


決まった時間に朝起きて、いつものように身支度を整える。

おなじみのテレビを見ながら、いつもと同じ朝ご飯を食べる。

電車の時間や乗る車両もいつも同じ。

会社の同僚と、いつものようにあたりさわりのない会話をしながら仕事をする。

そして、決まった時間におなじみの店でランチを食べて休憩し、仕事が終わって家に帰ったら、ぼんやりテレビを見たりネットサーフィンをしたりする。

朝起きてお仕事をして帰ってきたら、もう夜です。

晩ご飯を食べたりお風呂に入ったりすると、じぶんの時間や家族と過ごすのも少しだけ。

それを5回繰り返したら、やっと土日のお休みです。

でもせっかくの休日も、掃除や洗濯、買い出しなどたまった家事で、あっという間に終わってしまう。

同じ通勤ルートにするなど、できるだけ「いつも同じ」行動パターンにするほうが疲れない、と考えるのもムリはありませんね。

でも、同じ1日を5回繰り返して、休日がなんとなく過ぎていくと、あっという間に1週間が終わります。

そんな1週間を4回繰り返したら1ヶ月、1ヶ月を12回繰り返したら、あっという間に1年です。

1年の間には、お正月、バレンタインデー、お彼岸、こどもの日、母の日、父の日、お盆、クリスマスなどのイベントがあり、毎年、同じように過ごす人も多いでしょう。

そんな1年を繰り返すうちに、子どもが生まれたり、定年を迎えたりして、死んでゆく……。

いやいやいや。

人生、もうちょっと楽しみましょうよ。

「ミラクルマネー体質」になるには、「感性豊か」であることがとても重要です。

心が硬直している人は、ミラクルを感じ取ることはできないからです。

いつもと同じルーティン生活には、ミラクルは訪れないのです。

今からでも遅くありません！

じぶんの行動が「いつもと同じパターン」になっていないか振り返ってみてください。

まずは、どっぷり「いつもの生活」にハマっていると気づきましょう！

そこからがスタートです。

「あ、かなりいつも同じ」と気づいたら、
いつもと同じルートではなく、たまには違う路線で出勤してみる。
いったことのないレストランにトライする。
普段、オーダーしないメニューを頼んでみる。
あえて「苦手」だと思う人をランチに誘う。
本やさんで、いつも立ち寄らないコーナーにいってみる。

そんな小さなことから始めても、数週間、数ヶ月たつころには、心がやわらかく育っているはずです。

私がよく勧めているのが「タクシー通勤」です。
思いきって1回やってみると、あまりの快適さに「通勤ラッシュ地獄はなんだったの!?」と感じるでしょう。
すると、あなたは「通勤ラッシュを味わわずにすむ方法はない？」と考え始めます。

そして「会社のそばに住む」、反対に「白宅作業を増やしてど田舎に住む」などの選択肢がどんどん浮かんでくるはずです。

「いつものパターン」に陥っている場合ではありません！

すぐに引っ越すのは難しいかもしれません。でも、引っ越しのプランを妄想してニヤニヤするだけでも楽しいですし、妄想は無限の可能性のトビラです。

一歩抜け出すことで、あなたを最高に幸せにしてくれる選択肢がどんどん浮かんでくるのです。

チェック❽ 「お金が足りないのは不幸」だと思っていない？

今の世の中では、生きていくために「お金ちゃん」は欠かせません。

でもね、「お金が足りないから不幸」という考えにとらわれていると、なかなか「ミラクルマネー体質」に近づくことはできないのです。

「お金を手に入れるための本なのに、それってどういうこと？」と思うでしょうか。

ちょっと考えてみましょう。
高級レストランでフランス料理を食べるのは楽しい？
では、手づくりのお弁当を持って、近所の公園でピクニックをするのはどうでしょう。
１泊10万円のホテルに泊まるのは楽しい？
では、１泊数千円だけど、とれたてのお魚が食べられる民宿はどうでしょう。
ハワイ旅行にいくのは楽しい？
では、近所の公園でＢＢＱをするのはどうでしょう。
テーマパークで１日遊ぶのは楽しい？
では、家の前で缶蹴りをするのはどうでしょう。

どっちも楽しいですよね！
つまり、大切なのは「お金ちゃん」の量が幸せを決めるのではないということです。

お金は多ければ多いほどいいと考えて、いつも眉間にシワを寄せて「お金が足りない」とつぶやいている人のところには、「ミラクルなお金ちゃん」はやってきません。

たとえ、希望する収入に到達していないとしても、お金をかけずに楽しめることはいくらでもあります。

「お金が足りないから不幸」だと考えている人より、じぶんの身のまわりにある小さな幸せを感じ取り、毎分、毎秒を楽しく過ごしている人のところに「お金ちゃん」はやってきてくれるのです。

これは究極の「お金ちゃんの真理」の一つです。

もしかしたら、この本を読み始めたばかりの今は、実感できないかもしれません。

でも「ミラクルマネープロジェクト」を少しずつ実践していくうちに、必ず「やっぱり！」と思う瞬間がやってきます。

このことはぜひ覚えておいてくださいね。

「じぶん中心」になる！

「じぶん」というダイヤモンドに磨きをかける

8個の「思考停止度チェックリスト」はどうだったでしょうか。
「ぜんぶ、あてはまった……」としても大丈夫です！（笑）
「ＳＴＥＰ１」のここからは、「こうあるべき」「こうしなければならない」という、社会やほかの人がつくった理想ではなく、「じぶん中心」になる方法をお伝えします。

「じぶん中心」でなく、心の声を抑え込んだり無視したりして「もっと早くやらなきゃ」「もっとうまくやらなきゃ」とがんばって疲れ果てている人はたくさんいます。

私も以前はそうでしたからよーくわかります。

でも「じぶん中心」になれば、もっとラクにお金を手に入れることができる。

そして、誰よりもじぶんをハッピーにしてあげることができるのです。

私たち一人一人は、誰もがダイヤモンドの原石であり、光り輝く本質を内側に秘めています。

でもその「本質ダイヤモンド」は、外から磨くことはできません。

あなたが、内側からじぶんで磨いてキラキラと光らせなければならないのです。

そして「じぶん」というダイヤモンドは「じぶん中心」になることで磨き上げられるのです。

「じぶん中心」になるのは、決してワガママでも、自分勝手でもありません。

なぜなら、あなたの代わりはどこにもいないからです。

あなたの人生の主役はあなたです。

ほかでもないあなたが、あなた自身を生きることで、内側からエネルギーがあふれてキラキラと輝くのです。

そうして「じぶん中心」になることで流れは大きく変わり、不思議なほど「お金ちゃん」を引き寄せる体質になれるのです！

ほんとうのじぶんと会話してみよう！

「じぶん中心」とは、誰よりもじぶんを大切にするということです。

でも、多くの人は、じぶんを抑え込むのがあたりまえになり、ほんとうはなにを望んでいるか、気づきにくくなっています。

なにかを決めなければならないとき、無意識のうちに「どうするべき？」と考えていませんか。

「〜するべき」ではなく「じぶんはどうしたい？」と心の声を聞いてあげましょう。

たとえば、ダイエット中だから「コーヒーはブラックにするべき」と決めつけず、

3秒、時間をとってじぶんに「なにが飲みたい？」と聞いてあげてください。

「今日はカフェモカ♪」という答えが返ってきたら、迷わずカフェモカをチョイスしましょう。

休日は「たまった家事を片付けなきゃ……」と掃除や洗濯をするのもいいでしょう。

でも、目が覚めたとき「今日はなにがしたい？」と聞いてみて「公園を散歩したい気分」と感じたら、まずは公園にいってみるのです。

そんなことを繰り返すうちに、少しずつじぶんが見えてくるようになるはずです。

そして、じぶんがどうしたいのかを問いかけて答えが返ってきたら、理性で「でも、太るからな～」と打ち消さないでください。

「カフェモカが飲みたい」なら、カフェモカを選んでじぶんを満たしてあげてください。

「楽しい！」「幸せ！」という気持ちで心が満たされると、内側からキラキラと輝き出し、世界が変わり始めます。

「そんなこといわれても、欲望のままに生きていたら〝ダメ人間〟にならない⁉」

と思ったあなた、かなり「こうあるべき」にアタマを支配されていますね（笑）。

ハリウッドスターのキアヌ・リーブスのインタビューにこんなことが書いてありました。

「私の友人の母親は、健康に気を遣いアルコールや〝カラダに悪い〟食べものをずっと避けてきました」

「さらに、毎日運動をし、医師が勧めるサプリメントはぜんぶ摂《と》っていたのです」

「ところが彼女は、現在76歳で、骨髄のガンになり転移して、人生の最後にこういっています」

「私の人生がこんな風に終わるのなら、〝してはいけない〟といわれたことをぜんぶやって、もっと楽しんでいたのに！」

その一方で、別の友人の父親は、一般的に〝カラダに悪い〟といわれている、ベーコンやバターなどの動物性の脂肪を大量に食べ、運動などまったくせずに、夏になると紫外線の害など気にすることもなく真っ黒になるまで陽焼けしていたそうです。

それなのに、その男性は81歳で、30代の若者レベルの健康を維持しているそうです。

この話を読んで「遺伝や体質だったのでは？」と片付けるのはカンタンです。

また「じぶんを大切にすることで健康になれる」と科学的に証明することも難しいかもしれません。

でも私は、じぶんを満たしてあげることで、細胞一つ一つが「人生をもっと楽しめる」よう免疫力を高め、元気でいられるようにしてくれる可能性を信じています。

あなたをハッピーにしてあげられるのは、ほかの誰でもなくあなたです。

まずは、あなたがじぶんを幸せにしてあげましょう。

あなたの心の声に耳を傾けて、じぶんを生きることで「ミラクルマネー体質」にグンと近づきます。

なぜならそれが、私たちのほんらいのあるべき姿だからなのです。

「どうやったら最短でできる？」ゲームで楽しむ時間を増やす

私は学生時代、ヨット部に所属し、その後も船会社に入りヨットに乗り続けていました。

ヨットは海という大自然を相手にした、生死をもかけたスポーツです。

昨日まで一緒に船に乗っていた仲間が、今日になったらいなくなることも、決して少なくありません。

その経験から、もしかしたら一般的な人よりは、命のはかなさを実感しているかもしれません。

さらに、小学生のときに読んだ『ノストラダムスの大予言』に大きな影響を受けています。

予言通りに、１９９９年7月にこの世が滅亡することはありませんでした。

でも私は、その後、２００１年に起きた同時多発テロや、２０１１年に発生した東日本大震災などの災害のたびに「いつどうなるかわからない」と身にしみて感じ、「じぶんの人生を生きよう」と決意しています。

そのため、たとえば掃除や洗濯などの家事、仕事などの、やるべきこと、やらなければならないことは、いつも「どうやったら最短でできるか？」と、ゲームのように考えています。

なぜなら、一つの作業で１秒短縮することができれば、同じ動作を１日に１００回やるとしたら１００秒間も節約できて、そのぶんじぶんを楽しませてあげる時間が増えるからです！

私たちが運営する飲食店でも、私はスタッフにいつも「最短でどうやったらできるか考えて」といって、コップを置く場所一つにも、最適を見つけてもらうようにしています。

「ミラクルなお金ちゃん」は、じぶんの人生を大切にし「生きたい！」「楽しみたい！」という人を応援してくれるのです。

人に気を遣う前にまずは「じぶん」

「人様に迷惑をかけてはいけません」

ほとんどの人は、親からこういわれて育っていると知ったのは中学生のとき。

私にとっては衝撃的な事実でした。

なぜなら、私は親から一度もそういわれたことがなかったからです。

今となっては、のびのびと育ててくれた両親に大感謝です！

でも、私がここでいいたいのは「自由奔放に他人に迷惑をかけてでも〝じぶん中心〟に生きてみましょう」ということではありません。

試してもらいたいのは、あなたの「迷惑をかけない」の定義を少しだけ変えることです。

多くの人が考える「迷惑をかけない」とは、「じぶんを犠牲にしてでも他人の気分を損ねない」ことだと私には思えてなりません。

たとえば、じぶんは疲れて早く帰りたいのに、カフェに誘われたら断らない。

または、みんなでランチにいったとき、一人だけ違うメニューを頼むと時間がかかるから「私も同じで」といってしまう。

まわりが休まないから気を遣って有休を取らない。

でも、今からでも遅くありません。

ちょっと意識を変えるだけで、じぶん自身を生きる人生に変えていくことができると思うのです。

「他人に迷惑をかけない」という言葉の定義を「じぶんを犠牲にしてでも他人の気分を損ねない」ではなく、「社会の一員として道徳を尊重する」に変えてみましょう。

「社会の一員として道徳を尊重する」とは、「親や先生を敬う」「ゴミが落ちていたら拾う」「なにかしてもらったらお礼をする」「困っている人や動物がいたら助ける」など、人間として最低限のあたりまえのことです。

ほら、カンタンなことでしょう？

それ以外は、あなたの心が望むことをやっていいのです。

誘われても疲れているときは「今日は疲れたから、また誘って」といえばいいですし、ランチのメニューだって食べたいものを選んでいいのです。

チームの仕事に支障をきたさないように準備したら、ガンガン有休を取ったっていいのです。

それは「他人に迷惑をかけている」わけではなく、じぶんを大切にしているだけなのですから。

他人の気持ちを気遣うより「じぶんはどうしたい？」とたずね、じぶんの気持ちをイチバンに優先してあげること。

そうすることで、じぶん自身を取り戻し「じぶん中心」に生きることができるようになるのです。

令和の時代には「副業」を！

たくさんの人にとって、1日の多くの時間を費やすのが仕事。
仕事が楽しければ、もっともっとじぶんをハッピーにしてあげられますね。

あなたの今の状態は、次のどれにあてはまるでしょうか。

(A)「仕事が好きじゃないし楽しくない」→即辞め、もしくは副業を始める。
(B)「好きじゃないけど楽しい」→様子見。楽しいならまずまず。
(C)「好きだけど楽しくない」→様子見。でも、楽しくないならほかの道を模索。
(D)「好きだし楽しい」→そのままでオッケー！

極端なハナシ、あなたがもし今、(D)「好きだし楽しい」のでなければ、その仕事はすぐに辞めちゃえばいいと私は思います。

そもそも「好きじゃないし楽しくないし」と思いながら仕事をしていても、よい結果が出るとは思えませんし、もしかしたら、会社に損失を与えている可能性もあるでしょう。

それって、あなたも会社もお互いに不幸でかわいそうです。

もしかしたらあなたは、

「好きなことで稼ぐのは難しい」

「仕事は大変でつらいもの」

といった固定観念に縛られていませんか。

楽しく稼ぐことは可能ですし、決して悪いことではありません！

とはいえ「いやいや、生活もあるし、今の仕事をそう簡単には辞められないです」

というなら、副業を考えてみましょう。

令和の時代って、スゴイです！

企業がどんどん副業を解禁しています。

終身雇用の時代、副業は「会社への背任行為」とさえ考えられていたのに、今や副業オッケーですよ！

せっかく、自由に仕事を選べる権利が手に入ったのに、実行しないのはもったいない。

あなたの知らない世界に飛び込めるチャンスです。


「副業といってもなにをやったらいいのかわからない……」

そういう方がとっても多いのですが、今、仕事があり生活に困っていないなら、なにをやってもいいはずです。

たとえば「沖縄でアクセサリーやさんを開業する」、そして「週末だけ毎週沖縄に来る」というのはどうでしょう。

こんな夢のようなことが、ＬＣＣ（格安航空会社）の発展のおかげで、気軽に実現できる時代です。

私の運営する店の近くに「桜坂劇場」という、ミニシアター向きのこだわりの作品を中心に上映している映画館があります。

カフェがあり野良ネコがのんびりとお昼寝している、ゆっくりとした時間が流れるステキな場所です。

館内にはセレクトされた雑貨やさんがあり、店の一角にはＢＯＸ型のお手軽ショップも開業できるようです。

月額いくらか決まった金額をお支払いすれば、小さなお店のオーナーになれるのです！

ここはセンスのいい人が集まるので、私が見ている間だけでも、オシャレな小物が次々に売れていきます。

平日は今までと同じように仕事をこなし、夜、おうちに帰ってからアクセサリーづくりをする。そして週末は、小さな自分のショップに納品にいきがてら沖縄を楽しむ！

な〜んていう生活が、やろうと思えば簡単に手に入るのです。

インターネットと連動すれば、もっとたくさんの人に知ってもらえるかもしれませんね。

「沖縄には興味がない……」という方は、ネットだけでお店を開くこともできますよね。


また、週末だけ近所のカフェや食堂でアルバイトをすることだってできます。


アルバイトを通じて「じぶんはこんなとき、最高にうれしいんだ！」（お客さんにほめられたり、お礼をいわれたりしたときなど）、「じぶんはこんなことが得意だったんだ！」（コップをピカピカに磨き上げたり、料理をキレイに盛りつけたりなど）と、新たな可能性に気づくことだってできるでしょう。

週末だけスーパーのレジ打ちとかもいいかもしれませんね。

日ごろパソコンで鍛えた「早打ち名人級」のキータッチでビックリさせるのも楽しそうです。

もし、私が今、副業をするなら、運転が好きなので迷わず「Uber」（日本に参入してきたら）でしょうか。

野菜料理のおいしいカフェで働いたり、「Uber Eats」の配達をしたりするのも運動になって楽しそう。

こうして「仕事がつまらない」「毎日楽しくない」という状態から抜け出せば、じぶんが光り始めます！

副業をすれば、お小遣いだって手に入りますから、それを元手にしてさらに別のことにチャレンジしたり、余裕を持って新しい仕事を探したりすることができるでしょう。

じぶんを活性化してキラッと光れば、ダンゼン「お金ちゃん」に見つけてもらいやすくなるのです。

「欠点」はありません。個性の一つです

多くの人は「あれもできない」「これも足りない」と、弱点や欠点にばかり目を向けて、じぶんをいじめています。

これも、学生時代や社会人になってからも「英語はAだけど、数学はCだからもっと勉強しなさい！」「資料をつくるのは上手だけど、プレゼンがうまくないから練習して」などと、欠点にばかり目を向け、改善するようにいわれてきた名残《なごり》なのではないでしょうか。

私は、人に欠点は存在しないと考えています。

あなたが「欠点」だと思っているのは「個性」の一つ。

一人一人が持つ個性を活かす場が必ずあるのです。

これまでは、個性を抑え、まわりと協調して、チームの成果をあげるのがよしとされていました。

でも、時代は大きく変化しています。

もう、誰かとじぶんを比べたり、ひと握りのリーダーのいうことに従ったりする必要はありません。

じぶんを大切にし、それぞれの持ち味を活かすことで、運を引き寄せ「お金ちゃん」に愛される時代なのですよ。


私が以前経営していた飲食店に、両足のマヒによって杖をつき、髪の毛が薄くなっている年配の男性がスタッフに応募してきたことがあります。

私は基本的に「一緒に働きたい」ときてくれた人は、できるだけ採用したいと考えています。

たとえ、歩くのが遅かったり片手が使えなかったりしても、開店前のお掃除や洗いものなど、必ずその人にできる仕事があるはずだからです。

でも、この男性はキッチンでの仕事を希望しました。

キッチンというのは、立ったりしゃがんだり、手の届かない高い棚からモノを取ったり、重たいフライパンをガンガン振り回したりと、スポーツさながらにカラダを使う仕事です。

私以外のスタッフは、全員「採用は難しい……」と考えました。

でも私は、この男性を採用したのです。

この男性は「キクちゃん」といいます。

「キクちゃん」は、肉体的なハンディキャップがあるため、どれほどお店が忙しくても走りまわることはできません。

また、うっかり転んでしまうと、起き上がるのも一苦労です。

でも「キクちゃん」が、じぶんなりに一生懸命に働く姿に、応援してくれるお客さんが少しずつ増えてきました。

また「キクちゃん」を見守るスタッフも、仕事に対する姿勢を尊敬し、「キクちゃん！」「キクオヤジ！」と親しみを込めて呼ぶようになったのです。

そんなある日、大雪が降り、交通機関がほぼすべてストップしてしまったことがありました。

ほかのスタッフからは、次々と「電車が止まっていけません」「大雪だから、今日は休みます」と連絡が入ります。

そんな状態ですから、今日の営業は難しいなと思った私は「せめて、万が一きてくださったお客さまのために休業の貼り紙をしなければ」と車にチェーンを巻いて店に向かいました。

店に着くと、なんと「キクちゃん」がいます。

両足がマヒしているのに、雪の中、朝4時に家を出て杖をつきながら歩いてきたのです。

私は感動して、その場で涙が出そうになりました。

たとえ、ほかの人と比べて仕事をこなすスピードが遅くても「キクちゃん」のファンがたくさんいる理由がわかった気がしたのです。

検索よりも体験を大事にする

東京にきて電車に乗ると、乗客のほぼ全員がスマホを触っていることも珍しくありません。

スマホをダラダラと見続けるのも自分が輝かなくなる要因の一つ。

テレビをつけっぱなしにするのと同じです。

なぜなら「みんなと同じ」ように情報を得ていたら、誰もが知っていることしかいえない、オリジナリティのない「ツマラナイ人」になるからです。

さらに、知らず知らずのうちに、どんどん流れてくる情報の波にのまれていると「その情報が正しいかどうか」を判断する時間がなくなり、情報を流している人の都合のいいように思考を操作されてしまう危険もあります。

もちろん「知りたい！」と思ったときにすぐに検索できるのは便利ですし、今の時代、もはや自然なこと。

でも、他人の思惑に左右されず、じぶんを大切にするためには、リアルな体感に勝るものはないと私は思っています。

以前私は、台湾の北投温泉でビックリする光景を目にしました。

北投温泉は、酸性度が高くラジウムを微量に含む、通称「青湯」が湧き出る温泉です。

「青湯」は湯治効果が高いと考えられており、同じ泉質が湧き出る秋田県の玉川温泉は、看護師さんが常駐する湯治場として有名です。

北投温泉には、温泉旅館だけでなく日帰り温泉や公衆浴場もたくさんあるため、観光で立ち寄りちょっと温泉に入ってみようとした私は、お湯の温度にビックリしました。

熱すぎて入れないのです！

でも、現地の方は平気で入っていらっしゃる。

ヒフが真っ赤になっているにもかかわらずです。

私はその姿を見て、衝撃を受けると同時に、ムクムクと疑問が湧いてきたのです。

日本では、よく「美容と健康のためには、ぬるま湯で半身浴」といわれています。

でも、ほんとうに熱すぎるお湯はカラダに悪いのか。

不思議に思って調べると、ガンの治療法の一つに「温熱療法」があるのを発見します。

腫瘍の部分は、血流が少なく酸素が不足しています。そこを42・5度以上に熱することで、熱が外に逃げられずガン細胞が死滅するのだそうです。

熱いお湯に浸かっていた方たちが、全員、ガンを患っているわけではないでしょう。

でも、熱いお湯がカラダになんらかのよい影響を与えると考えているからこそ、こぞって浸かっていたのです。

これだって、現地に行ってみなければわからなかったことです。

また、もう一つ、世間でいわれていることとは異なる体験の例をあげましょう。

近年は、健康のために「減塩」が叫ばれています。

でも、いつからお塩はそんなに悪者になったのでしょう。

実は、具合が悪いときに病院でうつ点滴５００mlには、塩分が３グラムほど含まれています。

１日に数本うったとすれば、あっという間に推奨されている塩分量７グラム未満(成人女性)などは超えてしまいます。

なぜそれで大丈夫なのか。

実は、点滴液はミネラルバランスが整っているからです。

同じように、天然のお塩はミネラルのバランスが絶妙です(精製塩にはミネラルは含まれていません)。

私は、竹筒に入れて９回炊いた天然のお塩を持ち歩き、料理にかけるだけでなく、小腹が空いたときや頭が痛いときも、ペロッと舐《な》めています。

それなのに、体調が悪くなったり血圧が上がったりすることなく、いたって健康なうえに肌の調子も絶好調です。

リアルな体験の積み重ねを大事にすると、確実にあなたらしさがカタチづくられます。

友だちの中で話題のレストランがあるとしましょう。

インターネットで得た情報しかなければ「あ、そこって●●がおいしいらしいね」としかいえません。

でも、あなたが実際に足を運び、料理だけでなく、接客やお店の内装なども感じてみたら「時間をかけた料理の説明とかがないから、緊張しないですむ」「アラカルトよりコース料理におトク感があった」「トイレの入り口がユニークで笑った」などと、あなただけの考えがまとまるはずです。

そうして、流れてくる情報に惑わされないじぶんの軸が定まってくるのです。

「じぶん軸」が定まってくると直感がさえてくる

テレビやインターネットを見る時間を減らし、世間の動向や流行情報などをキャッチしなくなると、不思議なことに「ホンモノ」が見えてきます。

自然と「ホンモノ」が見える目が養われてくるのです。

これは「モノ」だけではなく、「ヒト」にもあてはまります。

面白いですよ。

そして、独自の視点で「モノゴト」を見極められるようになります。

なぜなら、外から入ってくる情報を減らせば減らすほど、自分の感性で選ぶしかなくなるからです。

「じぶん軸」で行動したりモノゴトを考えたりし出すと、直感が思いっきりさえてくるのです。

直感がさえてくると、だんだんじぶんにとっていいことだけを選べるようになります。

そして、大きなトラブルに見舞われることが少なくなってきて、楽しい道がひらけてくるのです。

また、たとえ思い通りにならなかったとしても、それには必ず意味があります。

たとえば、車でショッピングモールに出かけて、いつもは便利な位置にあるパーキングスポットにすっと入れるのに、入り口から遠いところしか空いていなかったとします。

そんなときは、ふと見ると近くの柱に行ってみたかったコンサートのポスターが貼ってあったり、会いたかった人に再会できたりして、キチンと「便利な場所に停められなかった〝理由〟」があるのです。

なにかを感じたとき、「これがほんとうにじぶんの直感かどうか」を見極める方法があります。

その選択をするときに、心がザワザワしたり違和感を覚えたりしたら、直感からのお知らせではありません。

じぶんに「今、なにがしたい？」と聞いたとき「飲みに誘われているからいっちゃおうかな」「でも、気になっているマンガも読みたい！」という気持ちが湧いてきたとしましょう。

心の底から「そうすれば楽しい！」と思えたら、飲み会にいけばいいのです。

でも、なんか違う気がする、なんかザワザワする、と感じたら、ほんとうはどうしたいのか、じぶんにもう一度聞いてみましょう。

もしかしたら、今日、上司に怒られたストレスで「飲みたい！」と思っているだけで、カラダは「お風呂に入ってゆっくりしたい」「ごろ寝しながらマンガを読みたい！」と感じているかもしれません。

じぶんの心の声にしっかりと耳を傾ければ、あなたにとってのベストを必ず教えてくれるのです。

じぶんを幸せにすることに責任を持とう！

10年後、20年後、日本がどうなっているかは誰にもわかりません。

でも私は、未来にとても楽観的です。

なぜなら、私のそばにはいつも「お金ちゃん」がいてくれるとわかっているからです。

そして「お金ちゃん」の真理にそって生きていれば、誰にとっても新しい豊かな時代になると確信しているからです。

まだ若いうちから年金の不安を抱えるなんて、皆さん、将来を心配しすぎです。

そして、不安な気持ちにがんじがらめになって、なにも行動を起こさなければ未来は変わりません。

「じぶんはほんとうはどうしたいのか」に正直に行動しましょう。

今、ここにあるすべての瞬間に、じぶんを幸せにしてあげましょう。

そして、じぶんを幸せにすることに、責任を持ってください！

あなたが主役の人生です。

「あの人がこうだから……」「社会が悪い」などと、まわりによって落ち込んだりハッピーになったりと振りまわされていたら、いつまでたっても幸せは「人まかせ」です。

じぶんの大きな価値、そして無限の可能性を認め、じぶんでじぶんを輝かせてあげましょう。


今や、誰もがYouTuberになれる時代です。

じぶんの番組がつくれるなんて、すばらしすぎる、しかも無料で（笑）。

私の考える「新しい豊かな時代」では、誰もがじぶんを尊重し、そしてまわりの人も、職場も、社会もじぶんがつくる意識で生きることが欠かせません。

せっかくこの世に生まれてきたのですから、すべての人が個性を活かして、じぶんならではの花を咲かせ、命を輝かせないともったいないです！

あなたも「じぶんを幸せにする！」と誓うことで、「ミラクルマネー体質」になる大きな一歩を踏み出せるのです。

STEP 1

「じぶんを幸せにする！」と決める

まとめ

＊これからは「心に素直でじぶんらしく生きる」ことで、運を味方につけて「お金ちゃん」を引き寄せる時代！

＊「お金ちゃん」に見つけてもらうためには、内側からキラッと光ること。社会のルールや他人の望みにあわせていた「じぶん」を解放してキラキラ輝きましょう！

＊「一般的な常識」や「世間のあたりまえ」に振りまわされないで。あなたの人生の主役はあなたです！
「じぶん中心」になって、あなた自身を生きることで内側からエネルギーがあふれ

ます。

＊「変わりばえしない毎日」「仕事が退屈な状態」から抜け出しましょう。
じぶんを活性化させて、「お金ちゃん」に見つけてもらいましょう。

＊誰にも「欠点」はありません。
ただ「個性」があるだけです。

まわりと競争しなくても、じぶんらしさを活かしている人を「お金ちゃん」は応援してくれます。

＊なにごともじぶんで体験しましょう。
流れてくる情報に惑わされなくなると、じぶんを幸せにするための直感が磨かれます！
じぶんにとっていいことばかり選べるようになるのです。

STEP 2

「お金ちゃん」と仲良くなる！

お金を大事に慈しむ！

「お金」と呼び捨てにしない

「STEP1」で、じぶんを幸せにすると決め、小さなことからじぶんの望みを叶えてあげるようになれば、あなたはキラキラと光を放ち始めます。

すると「おや？　光って楽しそうな人がいるからいってみよう！」と「お金ちゃん」がやってきます、必ずです。

「お金ちゃん」がきてくれたら、大切な友人や家族がきてくれたときのように、大歓迎して大切に扱ってあげましょう。

　それが、たとえ1000円の臨時収入でも、定期的にいただいているお給料でもです！

「STEP2」では、どうやったら「お金ちゃん」が喜んで集まってきてくれるか、その秘《ひ》訣《けつ》をお話ししましょう。

私は「お金」と呼び捨てにせず「お金ちゃん」と呼んでいることは、まえがきでお話ししましたね。

「バカげてるー」「そんなことでお金が手に入るの？」と思うでしょうか。

でも、ちょっと考えてみてください。

あなたが、もし、ペットを飼っているとしたら「ポチ」「たま」などと名前をつけて「たまちゃ～ん♪」と呼んで可愛がりますよね？

「おい、犬」「そこのネコ」とはいわないはずです。

大切な存在には、誰でも自然と親しみを込めて呼びかけるでしょう。

「お金ちゃん」と呼ぶのも同じこと。

「お金ちゃん」を大事に慈しむ方法の一つとして、私は「お金ちゃん♪」と呼びかけているのです。

また私は、硬貨やお札の数字のゼロの部分に「ニッコリスマイルマークがかかれている」とイメージし、きてくれた「お金ちゃん」には「こんにちは！」とあいさつをしています。

さらに、ご飯を食べたりモノを買ったりしてお金を支払うときは「いってらっしゃい！　ありがとう！」と心の中でいっています。

銀行の口座から、お金が引き落とされているのを確認したときも同じです。

たとえば、１万８０００円が引き落とされていたら「いちまんはっぴゃくえんのお金ちゃん、ありがとう！　またね！」とつぶやきます。

実は「お金ちゃん」と呼び、笑顔がかかれていると想像し、お金に話しかけるのは、すべて「お金ちゃん」とキチンと向き合うということでもあります。

ほとんどの人は「きてほしい」と思っているのに「お金ちゃん」のことを知ろうと

もせず、単に「日常生活のツールの一つ」としてしか扱っていません。

あなたに「親しくつきあいたい」と思う友人がいたら、相手のことをよく知り、こまめにコミュニケーションをとるでしょう。

「お金ちゃん」にだって同じように接しましょう。

「お金ちゃん」を無視せずに、たくさん話しかけてあげましょう。

すると、これまでただの数字だとしか思っていなかった「お金ちゃん」に親しみを感じてくるはずです。

　そうなってきたらしめたもの。

「お金ちゃん」は、「きてくれた！」と喜んで、優しく話しかけてくれるあなたに好感を抱いてくれるでしょう。

「お金ちゃん」に喜んでもらえている気がしてきたら、もうあなたも「ミラクルマネー体質」になりつつあるのです。

「お金ちゃん」はいいところにお嫁にいかせよう

私は、飲食店を経営していますので、お客さまがお支払いをしてくださるときに、おサイフを拝見する機会が数多くあります。

日本、そして世界中から来店されるお金持ちに共通していること。

それは、お札がビシッと美しく整えられておサイフに収まっていること。

私はそれを見て、いつも「絶対に〝お金ちゃん〟と呼んで大事にしているな」と、秘かに思っています（笑）。

お会計のときは、そんな「お金ちゃん」を、こちらに手渡してくださる。

それは、大切に育てた娘をお嫁に出すような気持ちでしょう。

「お金ちゃん」を受け取るこちらも、いつも身が引き締まる思いです。

「お金ちゃん」とよい関係を築いている人は、「お金ちゃん」という娘をお嫁に出すとき、相手を厳選しています。

つまり、じぶんが納得して「支払ってもいい」と思えるモノやサービスなどにしか、お金を使わないのです。

それがたとえ1円でも、納得していなければ絶対に使いません。

ミエでブランドものを買ったり、贅沢品にお金をつぎ込んだり、必要もないのに「ついでに」買ったりしません。

ムダ使いをせずに「お金ちゃん」をとっても大切にしているのです。

でも、これは「ケチ」なわけではありません。

「『お金ちゃん』を使う必要がない」と判断したことには使いませんが、「これなら」と決めたときは、ポーンと気前よく支払います。

「お金ちゃん」を、最大限に活かす使い方をするのです。

私も以前は、ミエやつきあいなどの理由で「お金ちゃん」を使うことが少なくありませんでした。

たとえば、知り合いから勧められた高額な生命保険。

毎月、引き落とされる金額を見るたびに「いったい、なんでこんなに支払っているのかしら」とモンモンとしていました。

でも「ミラクルマネー体質」になってからは、すべて納得している支払いなので、気持ちよく「お金ちゃん」を「いってらっしゃ〜い」と送り出しています。

また私は、殺処分になるイヌやネコを救う活動をしている団体などに、定期的に寄付をしています。

応援したい団体を選ぶときは、必ず主宰者と面談し、活動内容だけでなく財務状況まで、徹底的にヒアリングします。

そうして納得したところだけに、納得のいく方法で寄付をするのです。

その一方で、私は最近では、洋服やクツなどの身につけるものに、すっかり興味がなくなりました。

いつもはいているお気に入りのサンダルは３９００円くらい。

ボロボロになるまではいて、また同じものを買います。

洋服も、ユニクロは大好きですし、沖縄の生地や琉球古来の伝統の手法を使ったメーカーのものを、必要なときに買い足すだけ。

そうして、すべて納得して支払っていると、気持ちがとても清々しくなり「お金ちゃん」とのおつきあいもどんどんうまくいくようになりました。

私のまわりのお金持ちでも、何年も同じバッグを持っている人や、飛行機でどこへいくにも「絶対にビジネスクラスやファーストクラスには乗らない」と決めている人もいます。

もちろん、おいしいものを食べたり海外旅行をしたりすることもあるでしょう。

でもそれは、「じぶんや友人、家族などの大切な人をハッピーにするため」という目的があってのこと。

「お金ちゃん」は、なんとなく消費されることを嫌います。

もし「『お金ちゃん』が、あなたのカワイイペットや子どもだったとしたら？」と考えてみてください。

そして、お金を使うときに「ペットや子どもと引き換えにしてもいいと思えるほど、じぶんにとって価値がある?」とたずねてみましょう。

すると、「浪費」の場合、買いたい気持ちがスーッとなくなるはずです。

「お金ちゃん」としっかりと向き合い、存在をリスペクトして、価値ある使い方をする。

そんな人を「お金ちゃん」は大好きなのです。

「人生最大の買い物」をキチンと活用していますか?

多くの人は「マイホームを買うのが一生の夢」と考えて、長い長い住宅ローンを組んで「わが家」を手に入れます。

でもね、人口がどんどん減っていく日本において、この先は、一つの家に縛られなくてもいいのではないかと私は思っています。

空室が増えているのですから、住みたい場所、住みたいお家《うち》を選んで引っ越せば「いつものパターン」に陥らなくてもすむというのも一つの理由です。

また、もはや土地がどんどん値上がりする時代ではありません。

子どもに資産として受け継がせようとしても、争いのもとになったり相続税が払えなかったりとトラブルになる可能性も決して低くないからです。

ここで私がいいたいのは「マイホームを買う」ことが、ほんとうに「お金ちゃん」の価値ある使い方なのか、考えてみてほしいということです。

もちろん、金銭的にも余裕があり「じぶんの思い通りの家に住むのが最高の幸せ！」と思えるのでしたらオッケーです！

でも、マイホームは「人生最大の買い物」の一つなのですから、どうせならその場所が「お金ちゃん」を生み出してくれるようにすれば「『お金ちゃん』も喜ぶのでは？」と私は考えます。

たとえば、1階にじぶんたちが住むなら、2階をアパートにして貸し出す。

もしくは、じぶんたちは上の階に住んで、1階をオフィスや作業場として貸し出すのもいいでしょう。

すでにマイホームを手にしている方でも、いろいろ工夫することはできるでしょう。たとえば、ガレージの一部をカフェにするとか、毎週末は家の前で穫《と》れたて野菜の無人販売をするなどはどうでしょう。

会社での仕事が終わったあと、家のパソコンで副業をすればお家が「お金ちゃん」を生み出す場所になります。

ちなみに、私の知る大富豪の多くはマイホームを購入していません。

賃貸に住み、好きなときに好きな場所に引っ越します。彼らは自由なのです。

不動産を購入していたとしてもそれは投資用であって、自分たちは賃貸に住むという人がたくさんいます。

「マイホームを建てるのが一人前の証拠」というような、暗黙の社会の枠にとらわれず、自由に「お金ちゃん」の可能性を見つけてみましょう！

「カワイイお金ちゃん」には旅をさせよう！

「カワイイ子には旅をさせよ」

ということわざがあります。

このことわざには、じぶんの子どもがカワイイのであれば、広い世界を体験させて成長させましょうという意味があります。

私は「カワイイお金ちゃん」にも旅をさせるべきと考えています。

これは、決して「どんどん『お金ちゃん』を使いましょう」と浪費を勧めているわけではありません。

「お金ちゃん」には「世の中をぐるぐるとめぐって人や社会の役に立つ」という役割があります。

「たくさんの人に会って貴重な経験をして、大きく育って無事に帰ってきてね♪」という思いで、じぶんで納得したモノやサービスに、気持ちよく支払いをする。

そうして「お金ちゃん」を旅に送り出してあげれば、たくさんの友だちを連れて帰ってきてくれるのです。

これ、ほんとうです！

帰ってくるんですよー。

「ほんとうに『お金ちゃん』は帰ってきてくれるのか？」

「どのくらいの期間で旅から戻ってくれるのか？」

と思った私は、実は、こっそりしるしをつけて実験したことがあります（笑）。

「しるし」といっても、あとから消しゴムで消せるようエンピツでちょこっとマークしただけ（よい子は真似をしないでくださいね～）。

東京の飲食店で友人たちと楽しく食事をしたとき、しるしをつけたお札で支払いをしました。

そうしたら、なんと！

そのお金と沖縄でまた、めぐり逢《あ》えたのです、しかも私の店で。

直営店の一つである「しゃぶしゃぶないとう」は、日本全国、そして世界中からお客さまが来店されます。

「東京からきた」というグループが何組かいらっしゃった日がありました。

その日は、多くのお客さまに恵まれ、売り上げも好調な金額を記録。

お店を閉めたあと、お金を数えていたら、なんと！　しるしをつけた「お金ちゃん」がいるではありませんか！

「ああ、どのグループのお客さまだったのかしら」と、その場で気づかなかったことを激しく後悔しました。

でも、いずれにしても私のところにいた「お金ちゃん」が、友だちをたくさん引き連れて帰ってきてくれたことに間違いはありません。

その間、わずか1週間から10日ほど。

このことがあってから、私は「カワイイお金ちゃん」を旅に出せば、必ず成長して友だちをたくさん連れて帰ってきてくれると確信するようになったのです。

年収以上の貯金はムダ！

多くの人は、

「現役を引退したあとは、夫婦で２０００万円が必要」

「老後を豊かに暮らすためには、1億円ないと……」

などの情報に振りまわされ、将来に不安を抱いています。


でもね、たとえ1億円貯金することができたとしても、不安はなくなりませんよー。

たとえば、60歳までに、1億円貯めることができたとしましょう。

でも、毎月30万円使えば、1年後には９６４０万円になります。

同じペースで使っていたら、10年後、まだ70歳のときには６４００万円にまで減ってしまいます。

「使うだけの生活」では、お金が減る恐怖が生まれ、将来への不安がふくらむでしょう。

貯めても貯めても不安が消えない悪循環に陥るくらいなら、必要以上の貯金はしなくていい。

私は、「1億円の貯金がある」ことのほうが不安です。

なぜなら、1億円あれば世の中のためになる活動をしている団体を応援したり、世界中を旅したりして、もっともっとさまざまな経験を積むことができます。

そうして「ミラクルマネー体質」に磨きをかけることができるでしょう。

それなのに、ただ銀行に寝かせておいて、金融機関が破綻したらどうするのでしょう。また、今後、急激にインフレが進めば、1億円の価値も下がります。

突然、仕事を失ったり病気になったりするなどの緊急事態に備えて、年収程度の貯金をしておくのはいいでしょう。

また、毎日の生活の足としてクルマなどの高額の商品を買おうとするときや、子どもの教育費などの目的があって貯金するのはいいことです。

でも、漠然と「お金がないと不安」だからと、ガチガチに「お金ちゃん」を閉じ込めておくだけでは、決して「ミラクルマネー体質」にはなれません。

必要ない貯金のために、楽しみを先延ばしにするのはやめましょう。

じぶんを心地よくしてくれることは、すぐに実行！

そうして「じぶんを大切にする」ことが、結果的に「お金ちゃんと仲良くなる」ことにつながるのですから。

宝くじは当たっても「経験」を連れてこない

「ミラクルなお金ちゃん」というと、すぐに「宝くじ？」と考える人がいます（笑）。

でも、残念ながら「宝くじが当たる＝ミラクルマネー体質」ではありません。

でも、もし「〝お金ちゃん〟が必要になったとき」「たまたま誰かにもらった1枚の宝くじが当たった」「しかも、必要だった金額とドンピシャ」であれば、「ミラクルマネー」と呼べるでしょう。


そんなごくまれなケース以外、「ミラクルマネー体質」と宝くじの当選は関係がないと考えます。

1億円や3億円など、高額の宝くじが当たった人の9割は、その後の人生が破滅に導かれているといわれていますよね。

なぜそうなってしまうのでしょう。

窓口で買うだけの宝くじには、なんの経験も体験もついてきません。

あれこれ工夫して、努力を積み重ねて得た「お金ちゃん」は宝ものです。

そんな実感がないお金は「単なる数字」でしかないでしょう。

だから、当たったお金は、パーッと使ってあっという間になくなってしまうのです。

そうやって浪費するのは「お金ちゃん」が友だちを連れて帰ってきてくれない使い方だというのは、皆さんおわかりですね（笑）。


ちなみに、宝くじの還元率は、たったの46％。

還元率とは、使ったお金がどれくらい「当選金」として使われるかの割合のことです。

競馬、競輪、競艇などは還元率が75％ですから、宝くじはそうとう割の悪いギャンブルだといえるのです。

「お金ちゃん」は他人に預けない。「お金ちゃん」はじぶんに預ける

私は「ミラクルマネー体質」になる前に、株を保有していた大手企業が倒産、数万

もの株券が紙くずになってしまった経験をしています。

そのため今は、一般的な「投資」には、まったく興味がありません。


実は「ミラクルマネー体質」の上級者になると「お金ちゃん」がどこにいきたがっているかがわかります。

そのため「あ、この会社の株は急上昇するな」とか、ふと目にした競馬中継などでも「●番がくるな」とひらめきが降りてくることがしょっちゅうです。

そして、その通りになり「やっぱりね」と私はニンマリします（笑）。

でも私は、投資に「お金ちゃん」を使うことはあまりありません。

また、投機的なものには、一切興味がありません。

なぜなら「お金ちゃん」といい関係を築いていれば、投機のような「賭けごと」をする必要がないからです。


保険についても同じです。

保険に入るのは「万が一」を考えた、必要最低限の範囲だけ。

たとえば、お客さんが食中毒を発症したときなどのための「ＰＬ保険（生産物賠償責任保険）」や、クルマを運転するので自動車保険など。

誰もが入っている生命保険や医療保険にさえ、あまり興味がありません。

保険に１ヶ月何万円も使うのであれば、そのぶん、じぶんを磨いたり楽しんだりすることに使ったほうがいいと考えるからです！

また、治療を必要としない、根本的に健康なカラダづくりをしたいと考えているからです。

ちなみに、私の知る海外に移住している日本人の大富豪の多くは、日本の国民健康保険にも社会保険にも加入していません。おそらく「自己責任」で自由に動いているからでしょう。

大切な「お金ちゃん」を他人に預けるくらいなら、じぶんの未来に預けましょう。

写真を撮るのが好きなら、ちょっといいカメラに投資して腕を磨く。

料理が得意なら、さまざまな種類のレストランに通ってじぶんのレシピを増やす。

そうして、じぶんに投資することで、たくさんの経験を積んだ「お金ちゃん」が、大きく成長して戻ってきてくれるのです。

「お金ちゃん」は無限にあると知りましょう

私たちはほんらい、無限の豊かさを持って生まれてきています。

ところが、社会の枠や他人の思惑を尊重しすぎて、じぶんを抑え込んでしまうから、豊かさと切り離されてしまうのです。

あなたが輝いたぶんだけ「お金ちゃん」はやってきます。

そこには「限界」など存在しないのです。

また「お金ちゃん」は「決まった量だけ流通している」ものではありません。

誰かが稼いだら、あなたのぶんがなくなってしまうわけでもありません。

ぐるぐると社会をめぐって、いろいろな経験をしながら成長するプラスのエネルギーですから、尽きることはないのです。

毎月決まったお給料をもらっている人は、どうしても「お給料×働く年数」しか手にすることができないとじぶんに限界を設けがちです。

「お金ちゃん」は有限で、使えば減ってしまう。

だから勝ち取るものと考えて、競争してきたのがこれまでの社会です。

でも、時代は大きく変わっていることを私はこの本でお伝えしたい。

これからは、じぶんを活かし輝きを増すことで、ほしいだけのお金を手にする人が増えていきます。

「お金ちゃん」の真理にそって生きることで、誰にとっても新しい豊かな時代になるのです。

「足りない……」ときにチェックしてほしいこと

「STEP1」、そして「STEP2」と実践していくと、「お金ちゃん」とどんどん親しくつきあえるようになります。

それでも、ときどき「お金ちゃん」と気まずくなったり、また「なかなか望むほど手にできない」とあせる気持ちが湧いてきたりするかもしれません。

そんなときに、チェックしてほしいことが二つあります。

一つめは「人が喜ぶことをしているか」。

そして二つめは「あきらめないで続けているか」です。

沖縄に「ポークたまごおにぎり本店」という、おにぎりの専門店があります。

那覇の牧志市場でひっそりスタートしたこのお店は、現在、沖縄県内だけでも那覇空港内など4店舗を展開。

福岡にも出店し、海外展開も視野に入れている大人気のお店です。

今でこそ、飛ぶ鳥を落とす勢いの「ポークたまごおにぎり本店」ですが、始まりは数坪の小さなカフェでした。

初めてそのカフェの存在を知った私が驚いたのは、スタッフさんが市場の中で、トレーやかごを持ってコーヒーを売り歩いていたこと。

経営者の清川勝朗さんは、「コーヒーをいつも買ってくれる市場で働く人たちは、お店を空けられないし忙しい」とお客さんのことを考え、カフェを開けて待っているだけではなく、おいしいコーヒーを届けにいっていたのです。

また清川さんは、そのころからワンハンドにこだわり「忙しい市場の方たちのために、片手で飲んだり食べたりするものを提供するんだ！」とよくいっていました。

沖縄に移住して商売をするのは、実はそうカンタンなことではありません。

地元の人は、県外から来た人を「ないちゃー」と呼び、なかなか心を開いてくれないのです。

第二次世界大戦や、もっと昔の明治維新のころの、薩摩藩と琉球王国との悲しい歴史など、その理由には根深いものがあります。

また近年では、言葉や習慣の違いなどもあり、移住しても3年以内で内地に帰ってしまう「ないちゃー」も多いとされています。

でもなぜか、コテコテの関西人なのに、清川さんは地元の方々となかよくしている。立派な「島ないちゃー」になっている！（「ないちゃー」よりもずっとエライ称号です！〈笑〉）

それはどうしてかというと、清川さんは常に「市場で働く方たちのために」「観光客にも便利なものを」と、お客さんに喜んでもらいたい、役に立ちたいという気持ちでいっぱいだからなのです。

さらに清川さんは「まちクリーンin那覇」という、近隣のゴミ拾いのイベントを自主的に開催し何年もずっと続けています。

私は、いつも感心して彼を見ていました。

「いつかきっと、神さまが彼にすごいギフトを雨のように降らせるんだろうなあ」と思っていたのです。

3年ほど前、清川さんの「イベントに出店する」という告知を見て、私は遊びにいきました。

ところが、残念なことにお客さんが一人もいません。

照明だけがピカピカ輝いている中、彼は「いい経験をしましたわー」とニコニコ笑っていました。

それから間もなく、清川さんは「ポークたまごおにぎり本店」をオープンしました。

スタート当時のお店は、とても簡素なつくりで、ホットプレートで具材を温めるなど、まるで学園祭のようでした。

でも、少しずつメニューを増やしたり、ご飯の量を一定に測る器具を揃《そろ》えたりしながら、働く人も増やして発展していったのです。

実は沖縄では「お客さんがたくさんきても、働き手がいない！」ということがよくあります。

コールセンターなどの時給が高い仕事は人気がありますが、飲食店は「キツイ」イメージがあるためなかなか人が集まらないのです。

ところが「ポークたまごおにぎり本店」は違いました。

清川さんには、働き手を始めとして、協力してくれる人がたくさんいるのです。

日ごろから、目の前の人のために、一生懸命働いていた彼だからこそでしょう。

そんな清川さんにだって、なかなかうまくいかない「夜明け前」の時期がありました。

あなたも、もし「行き詰まった」と感じたら、「人が喜ぶことをしているか」、そして「あきらめないで続けているか」を見つめ直してみましょう。

「ミラクルなお金ちゃん」は、人や社会に役立つことをしていると、強力にバックアップしてくれるのです。

STEP 2

「お金ちゃん」と仲良くなる！

まとめ

＊「お金ちゃん」にきてほしいなら「お金」と呼び捨てにしないこと！
そして、親しくつきあいたい友人のように、きてくれたら大歓迎して優しく話しかけましょう。

＊「お金ちゃん」は、大切に育てた娘と同じ。
ミエやつきあいなどで浪費せず、ほんとうに納得して「お嫁に出してもいい」と思えるモノやサービスと交換しましょう！

＊カワイイ「お金ちゃん」には旅をさせよう！
「お金ちゃん」には、「世の中をぐるぐるめぐって人や社会の役に立つ」という役割

があります。

「たくさんの人に会って貴重な経験をして、大きく成長して帰ってきてね♪」という気持ちで送り出しましょう。

＊年収以上の貯金はムダ！
緊急事態に備えたり、大きな買い物をしたりする目的以外の貯金は不要です。

「お金ちゃん」をじぶんの未来に投資することで「ミラクルマネー体質」に磨きがかかるのです。

＊私たちは無限の豊かさに恵まれています。
あなたが輝いたぶんだけ「お金ちゃん」はやってきます。

そこには「限界」など存在しないのです。

＊「お金ちゃん」がすぐにきてくれなくてもあせらない！

「人が喜ぶことをしているか」「あきらめないで続けているか」を意識しましょう。

STEP 3

ミラクルを起こし続ける！

アクションを起こす！

アクションを起こせばミラクルの扉が次々と開く

「ＳＴＥＰ１」で、じぶんをキラッと輝かせて「お金ちゃん」に見つけてもらい、「ＳＴＥＰ２」で、「お金ちゃん」とのよい関係を築いたら、いよいよ「ＳＴＥＰ３」では、ミラクルを起こし続けていくコツをお話しします。

「ミラクルなお金ちゃん」を引き寄せる体質になり、一生、お金にまつわる不安やストレスと無縁になるためには、大きな３つのポイントがあります。

それは「アクションを起こす！」こと、「なにごとも楽しむ！」こと、そして「感謝する！」ことです。

会社にいく以外は家でずっとゲームをして、
「『ミラクルなお金ちゃん』が降ってこないかなー」

と考えているだけの人のところには、お金は降り注いできません！

「ミラクルなお金ちゃん」は、家にいてなんのアクションも起こさない人の手を引っ張って、幸運に導いてくれるわけではないのです。

この本に書いてあることを実践し「じぶんを最高に幸せにしよう」と一歩踏み出した人だけに、ミラクルは起こります。

私たち一人一人がカラダを授かっていることには「行動して幸せを体感してほしい」という宇宙の願いが込められていると考えています。

実は私たちは、地球でアクション研修中なのです（笑）。

そのため、行動しているとミラクルが起きる瞬間に必ず出会います、必ずです。

そして、一つミラクルが起きると、まるでつながっているように、次々とミラクルの扉が開くのです。

あなたは「じぶんを幸せにする」と決めたはずです。

「ミラクルマネー体質」になるために、ガンガン行動していきましょう！

じぶんの直感と「ミラクル」を信じて行動する

人生は「ミラクル」の連続なのに、「そんな非科学的な！」と決めつけてミラクルをシャットアウトしてしまうのはもったいない！

毎日のように起こっているミラクルに気づき「またかー」とニンマリできるのが「ミラクルマネー体質」です。

多くのミラクルは、あなたの直感を通じてやってきます。

「STEP1『じぶんを幸せにする！』と決める」でもお話ししましたが、あなたはなにがじぶんにとってのベストかをわかっています。

ただ、多くの人が「理性」で直感を否定してしまうから、ミラクルが起こりにくくなってしまうのです。

「なんとなく、今日は1本早い電車に乗りたい」

「なんとなく、赤いバッグがほしい」

など「なんとなく、こうしたい」と感じたら「いやいや、早くいってもオフィスのカギが閉まっているかもしれない」とか、「赤なんてベーシックな服にあわせづらいよ」などと打ち消さず、素直に直感に従ってアクションを起こしましょう。

もしかしたら、1本早い電車に乗ってもなにも起こらないかもしれません。

でも、それはミラクルの入り口だという可能性もあるのです。

思った通り、オフィスのカギが閉まっていたけれど、同じように早くきていた同僚と話をしたらぐうぜん、あなたがずっとほしいと思っていた種類のクルマをちょうど手放そうとしているかもしれないのです。

私は「ピン！」ときたら、それがたとえ、どこからの情報であっても信じます。

以前に読んだ小説に「忍者のお江《こう》」という、真田幸村の家臣の忍びの女性が登場しました。

このお江がすごいのなんのって。

彼女は、現在の関東地方から九州地方まで、数日で走り抜けるのだそうです。

その間、カラダが重くなるから、竹筒に入れたお水を一滴ずつ舌の上で味わうだけ。

それだけでも驚異的ですが、なんと、どうしてもつらくなったら、最後の力を振り絞って「笑顔」をつくるのだそうです。

すると、みるみるうちにカラダ中に力が湧いてくるのだそうですよ！

単純な私は「これだ——！」と感銘を受けたことを今でも覚えています。

理性で冷静な判断をする人は「小説だしフィクションでしょう？」「新幹線じゃないんだから、九州まで走れるわけないでしょ」と思うかもしれません。

でも、私は笑顔の大切さを教えてくれた、このお江のことは、今でもしっかりと覚えているのです。

努力は「つらいこと」ではなく工夫とアイデア

「なかなかうまくいかない……」

そう悩む人を見ると、うまくいく前にあきらめてしまっているだけのことがほとんどです。

せっかく最初の一歩を踏み出したのに、じぶんとミラクルを信じることができず、ちょっとした問題が起こると「やっぱりダメだった」とくじけてしまう。


そんな人には、私は「努力が足りないだけ」と伝えることがよくあります。

キビシイいい方に聞こえるでしょうか。

また「努力しないで、ミラクルが降ってくるのがこの本だったはずでは？」と思うでしょうか。


私には皆さんが「努力」という言葉の意味を、単に「つらいこと」だと考えているように思えます。

それはもしかしたら、小学校や中学校でよい成績を取るために「努力しろ」と押しつけられた記憶からくるのかもしれません。

「努力」を辞書でひくと「目標の実現のために、心とカラダを使って努めること」とあります。


そうです、「努力」とは、じぶんの夢のためにするものなのです！


あなたの趣味がゲームだとしたら、ゴールにたどり着くために、武器のボタンを押したり謎のアイコンをクリックしたり、あれこれ試してみるでしょう。

お部屋を観葉植物で飾るのが好きな人なら、植物の元気がなくなれば、肥料をあげたり大きな鉢に植え替えたりしますよね。

それが「つらいこと」だとはちっとも思わないはずです。

私は「努力」ってそういうことだと思うのです。

目標に向かってあれこれアイデアを考え、工夫するのは楽しいですよね。

さらに、そうして「努力」した経験や、過程で学んだことは、すべてじぶんの実になり、あなたの価値を高め続けるのです。

「努力」をして損をすることは1％もありません！

「努力」は、数十倍、数百倍になってあなたのもとに返ってきます。

今日から「行動し続ける＝努力」だと考えてみてください！

「うまくいくかどうか」ばかり気にしない

私のまわりで「ミラクルを起こし続けている人」として、真っ先にアタマに浮かぶのが「しんちゃん」です。

沖縄に引っ越したばかりの15年前、「リアル版　マネーの虎」という出資イベントを開催したビジネスセミナーの会場に、「しんちゃん」が遊びにきたのが出会いでした。

当時、「しんちゃん」は、友人数人とともにバイクの輸入とそのショップの経営などで生計を立てていました。

そこで、バイク好きの私は、ショップに遊びにいったのです。

いってみたら、実はショップとは名ばかりで、バイクが乱雑に並んでいる場所に、ボロボロでバネがボヨヨンと飛び出しているソファーが置いてあります。

「実は、ボク、このソファーで寝泊まりしてるんです」

と聞いた私はビックリして、思わず「ここに住んでる？　収入はいくらなの？」と聞いてしまいました。

すると、悪びれる様子もなく「いやぁ、4万円くらいです」というのです。

「なんだか面白いな、この子」と思った私は、いろいろな話をするようになり、しょっちゅうご飯に連れていくようになりました。

「しんちゃん」の最大の長所は、素直であること、そして、いわれたことに反論したり、できないいいわけをしたりするのではなく、すぐにその場で実行することでした。

たとえば、「しんちゃん」は名刺を持っていなかったので、私は「まず、名刺をつくりなさい」といいました。

そのころは、名刺は印刷会社にオーダーし、1〜2週間かかるのが普通でした。

でも、私が「なんでもいいから紙を切って、名前を書けばいいじゃない」というと

「わかりました！」といって、その場で書いて配り始める。

「名刺交換したら、その日のうちに〝ありがとうございました〟とメールを送ったほうがいいよ」といったら「わかりました！」といってすぐにメールを送る。

「寝る時間を削っても効率が落ちるから、しっかり眠ったほうがいいよ」というと、

「わかりました！」といって早寝早起きになる。

すべてがこの調子なのです。

そしてあるとき、私が「しんちゃん、アフィリエイトやってみたら？」というと

「ボクにできますかね？」と聞かれたので「絶対にできる」というと、また「わかり

ました！」といってすぐに始めて、何年も売り上げ日本一になっていたのです。

月収が４万円だった「しんちゃん」は、今では立派なビジネスマンです。

ネットマーケティングの仕事をしながら香港に住み、推定年収は数億円と、「ミラクルなお金ちゃん」を引きつけています。

私がここでいいたいのは、なんでも「うまくいくかどうか」ばかり気にして行動を起こさずにいたら、ミラクルからはどんどん遠ざかってしまうということです。

「うまくいくか？」なんてやってみなければわかりません。

たとえ、やってみてうまくいかなくてもいいじゃないですか！

行動したあなたは、やってみる前とは異なる視点や感性を手に入れたはずです。

「いい経験をした」じゃないですか。

行動して手に入れた経験は宝モノです。

たとえ、想像していた結果とは違っても、それは「失敗」ではありません。

「今回はこうだったから、次はこうしよう！」でいいのです。

新しいことにチャレンジする勇気と、変化を楽しむ遊び心がある人を、「ミラクルなお金ちゃん」は強力にバックアップしてくれるのです。

もし収入がゼロになってもこんな手段がある

もし、行動して今より「お金ちゃん」が減ってしまったら？

と、先のことを考えると恐怖で凍りついてしまう人（笑）。

実は日本というのはすばらしい国で、なんらかの理由で万が一、「お金ちゃん」がなくなったときは「生活保護」という生活費を支給してくれる制度があります。

もちろん、持ち家やクルマなどの資産を持っていたら、手放さなければならないなどの条件はあります。

でも、地域や家族構成、そして収入などの条件によって金額は異なりますが、単身者で10万円から14万円くらいもらうことができるのです。

私は、以前の仕事の関係で、この制度と生活保護を支給されている人にかかわったことがあり、思っていた以上に生活保護で暮らしている人が多いので驚いたことがあります。

「そんなことといっても、クルマのローンもクレジットカードのリボ払いもあるし……」と心配しなくても大丈夫です。

そんなときは、クルマもクレジットカードも手放してしまいましょう。

はい、そうです、「自己破産」という道があります。

「えぇ～っ、そんなこと！」と、かえって怖がらせてしまったでしょうか。

ここで私がいいたいのは、たとえ、なにか予測のつかない事態に陥ったとしても、日本に住んでいるのであれば、すぐにのたれ死ぬことはないということです。

「生活保護」「自己破産」というとネガティブなイメージを持つ人もいるかもしれません。

でも、これはあくまでも日本に住む人の特権です。

国の制度なのですから、遠慮なく利用すればいいのです。

ただし、この本に書いてある「ミラクルマネー体質」になる方法を実践して「お金ちゃん」を失った人は一人もいませんから、心配しないでください。

どうしても困ったときの最終手段として「生活保護」「自己破産」という受け皿があるよといいたくてお話ししています。

こうしたセーフティネットがあるとわかれば、行動しないいいわけを一つ消すことができるでしょう。

「ヒマ」で「ラク」がほんとうに最高ですか？

ビジネスの場で一時期「リスク回避」することが、さも「デキるビジネスマン」のようにもてはやされていたことがあります。

なぜなら、多くの人は「リスク＝危険」だと考えているからでしょう。

でも、私はちょっと違います。

私にとって「リスク」とは、単に「予想通りにいかない可能性」。

リスクを避けてしまったらなんにもチャレンジできないと思っています。

どんな小さなことでも、予想通りにパーフェクトにうまくいくことはほぼありません。

つまり、リスクはあってあたりまえですから、びくびくと恐れて行動しない理由にする必要はないのです。


「将来、どうなっていたいか？」とたずねると、「リタイヤして海の側《そば》で暮らしたい」「なにもせずにゆっくりしたい」と答える人が少なくありません。

でも、「ヒマ」で「ラク」なのがほんとうに最高の人生でしょうか。

もちろん、カラダが衰えてきたら「のんびり暮らしたい！」と思うかもしれません。

私だって、沖縄にくる前は人生の目的を見失い、本気で「尼寺に入ろう！」と思って修行したことさえあります。

そんな中でも、新しい体験にチャレンジし続けていたら、世界が変わり始めました。

じぶんの可能性を最大限に広げ、じぶんの価値を高めてキラキラと輝けば「ミラクルマネー体質」になれると気づいてしまったのです。

もちろん、行動していれば、障害やストレスに突き当たることもあるでしょう。

でも、困難を乗り越えたあと、手に入れられる達成感やじぶんの成長の実感は、かけがえのないものです。

一度、味わうとクセになります（笑）。

だから、繰り返しチャレンジしたくなるのです。

「リスク」とは、勇気を試す壁のようなものだともいえるでしょう。

てっぺんが見えないほど、高い階段があるとしましょう。

下からは上がまったく見えませんから、上ったらなにがあるか、そして、この階段がどこに続いているかわからない。

でも、がんばって5段上ってみたら、おいしいお菓子が置いてあるかもしれない。

もっとがんばって10段上ったら、会いたかった人が待っているかもしれない。

なによりも、階段を上って振り返ると、下にいたときには想像もできなかったすばらしい景色が広がり、心地よい風が吹いています。

そうです。「ミラクルマネー体質」になった人にしか見えない景色が見えるのです。

「リスク」にひるまず、目の前の階段を夢中になって上っている人を「お金ちゃん」が見逃すわけはありません。

そうして行動している人に、そっと踏み台を用意してくれたり、上から手を引っ張ったりしてくれるのが「お金ちゃん」なのです。

なにごとも楽しむ！

過去も未来も「現在」が変える！

なぜ「なにごとも楽しむ！」のが「ミラクルマネー体質」になるためにそれほど大切か、最初にお話ししましょう。

答えはとってもカンタンです。

「過去」「現在」「未来」という時間の流れがあり、中でも最も大切なのは「現在」です。

今、「現在」の積み重ねが未来をつくります。

つまり、現在がモヤモヤして楽しくない人は、モヤモヤしてつまらない未来をつくっています。これ、あたりまえ。

そして、モヤモヤして光っていない人のところには、「ミラクルなお金ちゃん」はやってこないのです。

「お金ちゃん」は、「現在」を精いっぱい、楽しんで生きている人が大好きです。

個性を活かしてじぶんならではの花を咲かせ、命を輝かせている人を応援してくれるのです。

「ＳＴＥＰ１」で、お金は多ければ多いほどいいと考えて、けわしい表情で「お金が足りない」とつぶやいている人のところには、「ミラクルなお金ちゃん」はやってこないというお話をしました。

たとえ、希望する収入に到達していないとしても、お金をかけずに楽しめることはいくらでもあります。

「お金が足りないから不幸」だと考えている人より、じぶんの身のまわりにある小さな幸せを感じ取り、毎分、毎秒を楽しく過ごしている人のところに「お金ちゃん」はやってきてくれるのです。

ちなみに、過去に起きたことをくよくよ悩むのも、現在を生きておらず、過去にエネルギーを注いでいることになります。

私は、たとえすでに起きたことでさえ、とらえ方をチェンジすることで変えられると考えています。

たとえば過去に、心ない一言で、大好きな人を傷つけてしまったことがあるとしましょう。

どれだけ悔やんでも、起きてしまった事実は変わりません。

でも、もう二度とそんな思いやりのない言葉をいわないと誓い、気遣いのある振る舞いができるようになったとすれば、その過去はあなたにとって、決してマイナスではなくプラスのできごとだったと考えることができます。

そしてもし、現在でも会うことができる人なら、ぜひ謝りにいきましょう。

そこからまた、その相手とは新しい歴史が始まります！

そうして、過去から引きずっている悩みからも解放され、少しずつ「現在」を楽しく生きることができれば、ミラクルが起こり続ける日々を手に入れることができるのです。

「今日、1回も笑っていない」日はないですか？

誰でも楽しいときは、ピカピカの笑顔になります。

たとえそれほど楽しくなくても、笑顔をつくれば脳は「楽しいんだ！」とカン違いしてくれます。

楽しい気持ちがあふれている人は、キラキラします。

だから、毎日、笑顔ですよ！

「今日、1回も笑っていない」日はないですか？

「同僚と話があわない」「上司から理不尽な扱いを受けている」「家族とうまくコミュ

ニケーションできない」「介護で疲れきっている」「クルマをぶつけてしまった」などなど、誰にでもつらいときはあるでしょう。

課題が山積みで、途方に暮れている人もいるかもしれません。

でも、つらいときこそ「笑顔」です！

「そんなありきたりのことで、ミラクルが起きるの？」と思うでしょうか。

でも、一人でいるときも、そしてほかの人に囲まれているときも、いつも笑顔でいられる人はそう多くないでしょう。

「一人でニヤニヤしているなんて気色悪い」ですか？

でも、楽しい「現在」が、楽しい未来をつくるのです。

つらいことがあっても、口角をあげて笑顔をつくってください。

「忍者のお江」の話を思い出しましょう（笑）。

じぶんを楽しくする以外にも、笑いにはものごとをよい方向に向けるすごいパワーがあります。

私は以前、船に乗る仕事をしていたとき、お台場で座礁してしまったことがあります。

そのころのお台場は、瓦礫《がれき》の孤島でほとんどひと気がない場所でした。

いつの間にか潮が引いて、前にも後ろにも進めなくなったとき、乗組員である私は真っ青になってしまいました。

落ち着いて潮の満ち引きを待てばよいのですが、そのときは契約社員という立場だったため「予定通りに帰港しないといけない！」「船を傷めていたらどうしよう！」と不安でいっぱいになってしまったのです。

私の気持ちが伝わったのか、乗組員みんなブルーな気持ちになり、言葉も少なくなってしまいました。

風が冷たくて寒いのに、よぶんなジャケットも毛布もないし、ガタガタ震えながら「この先、どうなるか」と重苦しい雰囲気に陥ってしまったのです。

でも「嘆いていたってしょうがない」と開き直ったら、誰かが歌を歌い始めました。

すると「こいつ、歌ってるよー」と、みんなが笑い出し、ついには全員で笑いながら合唱し始めたのです。

不思議なもので、笑っていると体がポカポカしてきて寒さが気にならなくなります。

そして、険悪な雰囲気になったり体調を崩したりすることなく、元気に助けを待つことができたのです。

ボロボロの古民家に住むのがなぜ楽しいか？

私は沖縄に引っ越してきてから「ああ、こんなことに気づいていたら、以前にももっとミラクルを起こせていたかもしれない」と思ったことが何度もありました。

その代表的なことの一つが、住む場所の選び方です。

世間では「家賃は収入の3分の1」が適正金額だといわれています。

でも、それってほんとうでしょうか。

1ヶ月に20万円の収入がある人なら7万円。

30万円の収入がある人なら10万円。

１００万円の収入がある人なら30万円？

そんなの、誰が決めたのかわからない基準ですよね。


そうはいっても、私も東京に住んでいたときは、なんとなく物件情報を見て、なんとなく「このくらいのレベルでいいかしら……」と考え、なんとなく「気に入ったから」と住む場所を選び、なんとなく家賃を払っていました。

そのときどきの収入にあわせて、家賃は10万円から１００万円台まで、いろいろな暮らしをしました。

でもね、振り返ってみると「お家賃、払いすぎていたかも？」と思います。

今、考えると、お安いお家をそれほど真剣に探していなかった気がするのです。


沖縄に引っ越してきたとき「せっかくだから沖縄ならではの家に住もう」と古民家ばかり見てまわったことがあります。

沖縄の古民家は「好きなように改装していい」ものがたくさんあります。

そのため「あそこの壁はこの色に塗ろう」「こんな照明を取り付けよう」などとイメージしながら内見するととってもワクワクします。

そして、大家さんに確認して、じぶんでキッチンを改造したり、玄関にカワイイタイルを敷き詰めたりするのは楽しさいっぱい！

しかも、そのお家のお家賃はなんと2万6000円！　やっす――。

「ああ、こんな人生があったのかー」と、目覚めてしまったのです（笑）。

家賃というのは固定費で、毎月、決まった額が出ていきます。

「収入の3分の1」などといった一般的な概念にとらわれず、低く抑えることができれば、そのぶん、じぶんのために使える金額が増えるはず。

たとえ都心部でも、古くて「改装オッケー」のお家は探せばあるはずです。

もしあなたが「今は使えるお金があまりない」という時期であれば、住むための費用を楽しみながら削ることを考えてみてもいいのではないでしょうか。

「今」を楽しむトラブル解決法

①ネガティブエネルギーは受け取らない、発しない

毎日、笑顔で楽しく過ごしたい！

でも、悪意のある言葉を投げかけられたり、トラブルが発生したりして、気持ちがザワザワしてしまうこともあるでしょう。

そんなときは、イヤな気分でい続けずに、その場、その場で速やかに解決するようにしましょう。

1年は365日、1日は24時間しかありません！

マイナスな気持ちでいる時間は少しでも短くしたほうが、キラキラ輝く時間が長くなるのです。

ではどうやって、問題を早期解決するか。

まずは、ネガティブなエネルギーに左右されないと決めることです。

たとえば「なんか、いつもお客さんとトラブルになるよね？」といわれたとします。

それが、いつもイヤミをいってくる同僚の発言であれば無視しましょう。

また、あなたへの悪口などもいちいち気にせずに聞き流していいのです。

ライバル心や嫉妬などのネガティブなエネルギーは、受け取らずにスルーしましょう。

ただし、それがあなたを心配しての発言であれば、素直に受け入れてください。

「なぜ、そういわれてしまうのか」「どうしたらお互いにとってよいのか」を模索しましょう。


誰かの過失やミスでトラブルが起きたときも、人に対してイライラして責めたりしないこと。

たとえじぶんが原因で問題が起きたときも「私が悪いんだ！」と罪悪感でいっぱいになるのは、ひとまず脇に置いておきましょう。

事実を確認して対応策を考えるのが先です。

人に対しても、じぶんに対しても、ネガティブなエネルギーを持つことで、あなた自身を傷つけダメージを与えてしまうからです。

ほかの人を尊重し、じぶんも大切にするのであれば、今後、同じことが起きないようにするにはどうしたらいいか、よりよく運営するためにはなにができるかを考えて実行すればいいのです。

また、できるだけネガティブなエネルギーを持たずに、人と上手に関係を築くコツとして、私は常に、単刀直入に話をしてみるように心がけています。

たとえば「上司に嫌われているかもしれない!?」と感じたとしたら、その場で「誤解だったらすみません！　あまりよく思われていないように感じています。課題があるなら改善しますので教えてください！」というのです。

単なるカン違いなら笑ってすまされますし、もし、改善点を指摘されたのであれば、それに取り組めばいいのです。

恋愛だって同じですよー。

好きな人に告白できずにアレコレ思い悩んでいても、あなたはキラキラ輝きません。

「ダメなら次」と、玉砕覚悟で気持ちを伝え、心のモヤモヤは早めに解消したほうがいいのです。

②とにかく「深掘り」していく

誰かからなにかをいわれたわけでも、されたわけでもないのにイライラする。
そんなときは、原因を掘り起こして根本的に解決します。
「なぜ、今、イライラしているの？」
↓「仕事のスピードが遅い同僚がいる」
「なぜ、同僚の仕事が遅いとイライラするの？」
↓「お腹が空いたから？」
↓「帰りの電車がなくなるから？」
↓「恋人を待たせているから？」

↓「自分の仕事が増えて割に合わないから？」

そうやって、ほんとうの原因を探り「ちょっと休んでご飯を食べる」「電車に間にあうように、区切りをつける」「恋人に連絡する」「二人で仕事を平等に分担する」などと、その原因を解消するようにしましょう。

イライラの原因を探るのは、じぶんについて考えるよいチャンスでもあります。

そうして、心を落ち着かせる方法を、一つ、また一つと見つけていけば、じぶんをよりハッピーにしてあげることができるのです。

また「先月、お洋服を買いすぎちゃった！　月末のカードの支払いができない、どうしよう？」などといった現実的な問題でさえ、キチンと向き合って深掘りすることで解決法を見つけることができます！

「カードの支払いができない」

↓「なぜ、支払いができないと困るのか？」

↓「支払えないと伝えるのが恥ずかしいのか」
↓「支払わなかったら、会社に電話がかかってくるのが怖いのか」
↓「カードを止められてしまうかもしれないのが心配なのか」
↓「これで、もう一生カードを持てなくなったらどうしようと思うのか」

一つ一つ、なにが心配なのかを書き出し「支払えないと伝えるのが恥ずかしい」なら、メールで知らせてみるとか、「会社に電話をかけてほしくない」なら、先にこちらから連絡して「会社には電話しないでください」というなど、それに対しての対策や解決策を書き込むのです。

そうしてすべて書き出したら、カード会社からの連絡を待つか、じぶんから連絡をして、対処法を聞けばいいのです。

実際に、カードを止められてしまっても「その間は、ムダ使いしないでいいわ」と考えてショッピング以外で楽しいことを見つければいいですし、「一生カードが持てないかも!?」と不安なら、1回支払いが遅れたらどうなるか、カード会社に聞いてみればいいのです。

不安でストレスを抱えていると、カラダが酸化します！

酸化した不健康なカラダは「ミラクルマネー体質」から遠ざかります！

いたずらに不安ばかりふくらませて、楽しい気分でいられないなら、まず「深掘り」して解決策を見つけてみましょう！

③上手に開き直る

「この日までにお金が入らなければ、息子の大学入学費用が払えない！」「手術代が払えない！」「家賃が払えない！」「給料が払えない！」などといった「人生の最大のピンチ！」というとき。

「もし、払えなかったらどうなるの？」と聞くと、みんな口を揃えて「いやー、そんなこと怖くて考えられません！」といいます。

でも、最も効果的な解決策は、実は最悪のことを想定し、さっさと上手に開き直ることなのです！

たとえば、明後日までに、息子が合格した大学に入学金２００万円支払わなければならない状況にあるシングルマザーがいるとしましょう。

離婚したダンナさんが払ってくれると約束をしたはずなのに、何回も銀行に通帳を記帳にいっても振り込まれていない……。

不安でいっぱいになりヤキモキするのであれば「お金が振り込まれなかった！」という最悪の事態を想定し、そのときにできることはないか書き出してみてください。

「Ａ：振り込みがない」

Ａ１→入学をあきらめ、１年浪人させる？

Ａ２→じぶんでバイトして貯金させる？

Ａ３→おばあちゃんに「お金を貸してほしい」と頼みにいかせる？

Ａ４→奨学金を探してもらう？

Ａ５→大学に納入を１ヶ月待ってほしいと交渉しにいく？

A6↓銀行に教育ローンを借りにいく?

一つでも二つでも、できることがあるとわかれば、かなり安心できませんか。

それでも、まだ気持ちが落ち着かなければ、じぶんがなにを不安に思っているのか、そしてそれは、ほんとうに一生を左右するほどのことなのかを考えて20個書き出してみてください。

息子が大学にいけないと、
「いい会社に就職できない」↓1年くらい浪人したって、あとから取り戻せるか?
「浪人しているのを近所に知られたら恥ずかしい」↓近所のBくんは、大学中退で起業したよね。そんな方法もあるかも?
「予備校に通わせる費用がない」↓そういえば、解約してもいい保険があった?

20個出るまで書くのがポイントです！

20個ですよ！　20個。

ここまでやれば、かなり気持ちが落ち着いてくるはずです。

それでもまだ、気持ちがザワザワするなら、なんでそう感じるのか、また20個紙に書いてみましょう。たいていの場合、20個も書くことがないはずです。つまり、ばく然とした不安は、書き出すとわずかだとわかります。

あらゆることを想定すると、恐怖は単なる「計画」に変わります。

そして、心が落ち着いて「そういえば、お腹空いたからなんか食べよう」と思えるようになるのです。

こうして「最悪」だと思っていたことが最悪でもないとわかると、希望が見えてきます。

そして、不安な気持ちが去ったとき、心の曇りが取れてベストな解決方法が見えてくるのです。

また、早い段階で開き直ることができれば、いつまでもネガティブなエネルギーを発することがなくなります。

これも、「①ネガティブエネルギーは受け取らない、発しない」に通じる、とっても重要なポイントです。

先ほどの例にあげたシングルマザーの場合、「なんで、さっさと振り込んでくれないのかしら！」「だから、アイツは信用できないのよ」といつまでもイライラ、キリキリしてストレスいっぱいになっていたら、じぶんを傷つけるだけでなく、ネガティブエネルギーが、元のダンナさんにも届きます。

たとえ、元のダンナさんが地球の裏側にいてもです！

そして、ネガティブエネルギーが作用して、もしかしたら元ダンナは、渋滞にハマったり、具合が悪くなったりして振り込みができなくなっているかもしれないのです。

いつも笑顔で、なにごとも楽しむことの重要性がわかっていただけたでしょうか!?

寝る前は最高にハッピーな気持ちになる

「ミラクルマネー体質」であり続けるためには、1日の終わりにどんな気分でいるかがとっても重要です！

「これから寝よう」としているときは、日中に働きづめだった脳が少しずつ活動を停止する時間帯。

脳はそのときの気分や考えていることを無条件に受け入れて、実現しようと働くのです。

寝る前に、その日にあったイヤなことを思い出してモンモンとするなんて、最悪のパターン。

「ああ！　今日もいい1日だった！　楽しかった！　おやすみ！　明日も楽しみ！」

といってニヤニヤしながら眠るのが最高です。

たお気に入りの小物、スタッフ全員が私の誕生日にメッセージを書いてくれた大切な色紙、ビンボーだったころのしんちゃんが誕生日プレゼントにくれたお人形、祖母にもらった開店祝い、お客さまにいただいたチップなどを飾って、「ひとりごとをつぶやくコーナー」にしていました。

寝る前、そして1日を幸せな気持ちで埋め尽くせば、さらにハッピーな未来がやってくるのです！

もっと大自然に親しもう

「ミラクルマネー体質」であり続けるためには、できるだけ頻繁に、大自然に親しむことが大切です！

私たちが生まれるよりもずっと前から地球に存在しているのが、草花や木、山や海などの大自然や動物たちです。

「やるべきこと」がいっぱいの毎日をお休みして、偉大なる大自然に身を置いたり、動物たちと触れあったりする時間を持ちましょう。

日常から切り離されることにより、押さえ込まれていた感性や直感力を取り戻すことができるでしょう。

そして、直感にしたがってじぶんを磨くことによって、ミラクルなお金が降り注ぎ続ける体質をキープすることができるのです。

また私は、自然に親しむと宇宙のリズムと同調し、じぶんにとってのベストはなにかを見極めるパワーがアップすると本気で思っています。

時間が許せば、都会を離れて海や山に出かけるのもいいでしょう。

私たちの身のまわりにだって、小さな自然はあふれています。

私は、道ばたに咲く花に「カワイイね！」と話しかけたり、家の中に迷い込んできたクモをそっと逃がしたりするのがあたりまえの毎日を送っています。

身近にある自然や生きものを大切にすることで私たちは内側から輝きます。

そして、虫や草花の妖精たちは輝いている人を応援してくれるのです。

この話をすると「尾崎友俐は〝不思議ちゃん〟だったのか⁉」と思われるかもしれません（笑）。

でも、よく「水によい言葉を聞かせるとキレイな結晶ができ、悪い言葉を浴びせると結晶が崩れる」とか、「同じ植物の苗でも、毎日、話しかけてあげるとスクスク生長し、無視していると育ちが悪い」などの実験結果があるでしょう。

「科学的ではない」と片付けてしまえばそれまでです。

でも、地球上にあるものすべては、よい、または悪いエネルギーの影響を受ける存在だと私は考えます。

そんな観点からまわりをながめていると、道を歩いていても草花が「こっちを向いて！」「触って、触って！」と話しかけてくれるように感じ、毎日、道端のヒーローになった気分なのです（笑）。

感謝する！

「お金ちゃん」は感謝との交換ツール

「お金ちゃん」は「感謝がカタチとなって返ってくるもの」です。

私がいつ、このことに気づいたかというと、お恥ずかしいことに最近です。

沖縄に引っ越したばかりのころ、他県から移住しても「地元の人たちに受け入れられず、泣く泣く地元に帰った人」の例をたくさん見聞きしました。

せっかく決心して移住したのにです。

私は、そうなるまいと心に決めました！

「〝『¥マネーの虎』というテレビ番組に出て、セレブ社長たちと仲良しの、お金を見せびらかす人〟という印象を持たれないようにしなければ！」と考え「テレビに出ていた」などとは一言もいわず、母の旧姓を名乗り、ひっそりとオープンした古民家のお店で、目の前のことだけをコツコツとやり始めました。

するとと少しずつですが、理解者が増え、仲間が増え、すべてに感謝しているうちに「『お金ちゃん』は感謝がカタチになって返ってくるもの」だということを学んだのです。

東京にいたころの私といえば、売り上げや会社の規模など、上を目指して拡大することばかりがアタマにありました。

もちろん、さまざまな努力もしましたから、確かに売り上げは悪くなかった。

でも「感謝とは交換していなかったなー」としみじみと思っています。

今から20年近く前のことです。

「起業」がもてはやされた中、女性社長はめずらしいのでチヤホヤされて、大きなカン違いをしていたのかもしれません。

そのころの私は「世間が考える〝カッコいい社長〟として暮らさなければ」と、まわりの価値観に振り回されていました。

「穴があったら入りたい」とは、まさにこのことです！

今は「感謝との交換」としてのお金がムリなく入ってきます。

そして「感謝の気持ち」としてのお金が喜んで出ていきます。

私は、皆さんにも、この気持ちいいサイクルに入っていただきたいと思っているのです。

きてくれたときも出ていくときも「ありがとう！」

まず、あなたができることは「お金ちゃん」がきてくれたときに「ありがとう！」といい「お金ちゃん」を旅に出すときも「いってらっしゃい、ありがとう！」と心を込めていうことです。

あ、もちろん、家にいるとき以外は、心の中でつぶやくのでかまいません（笑）。

たとえ、メルカリでモノを売って手にした１５００円でも、ＡＴＭで引き出した２万円でも、手元にきてくれたら「いらっしゃい、ありがとう！」と歓迎してあげましょう。

毎月、決まった日に振り込まれるお給料だからといって「じぶんが働いたんだから、もらって当然」と思っていませんか。

インターネットで振り込みを確認したら、画面に向かって「ありがとう！」と伝えましょう。

「お金ちゃん」をモノやサービスと交換するときも、気持ちよく「ありがとう！」と送り出してあげましょう。

お給料などの決まった額しか「お金ちゃん」はきてくれない。

「お金ちゃん」は限られている、という考えに縛られている人は、どうしても「『お金ちゃん』を使う＝減る」と考え、支払うときに痛みを感じがちです。

でも、じぶんがほんとうに気に入って手に入れたいと思うものを、収入の範囲内で買うときに、心から「ありがとう！」といえないと「お金ちゃん」のめぐるサイクルがスムーズにまわりません。

そんな方は「お金ちゃん＝ありがとう（そのもの）」だと考えてみてください。

「ありがとう！」は、どんなにたくさんいわれてもウレシイですし、飽きてしまうことはありませんよね。

あなたが「ありがとう！」といえば、いわれた相手は喜びますし、世の中に「ありがとう」の回数制限などもありませんよね。

つまり「ありがとう」は無限であり、どれだけ使ってもどれだけ受け取ってもいいものなのです。

「お金ちゃん」も同じです。

「お金ちゃん」も、感謝がカタチとなったものですから、数に限りがあって奪いあうものではありません。

そう考えて「お金ちゃん」と接することができると、気持ちよく「お金ちゃん」に「いってらっしゃーい、ありがとう！」といえるのではないでしょうか。

じぶんが手にしているものを総点検！

「ダイアログ・イン・ザ・ダーク」というソーシャルエンターテインメントの施設があります。

視覚に障害がある人の案内で、完全に光を遮断したスペースでゲームをしたりカフエでドリンクを飲んだりと「真っ暗やみの世界」を体験できる空間です。

私は一度、ここを訪れてからすっかりトリコになってしまい、夫や友人にもいくことを勧めています。

「ダイアログ・イン・ザ・ダーク」のなにがそれほどいいのかというと、日ごろ「目が見えるのはあたりまえ」と思っている、じぶんのおごった気持ちに気づかせてくれるからです。

あなたは、手足が自由に動くのも、音が聞こえるのも、心臓が止まらずに24時間血液を送り出してくれているのも、すべて「あたりまえ」だと思っていませんか。

じぶんのカラダについてだけではありません。

屋根があり、水道や電気が通る家で、温かいシャワーが浴びられること。

戦争や飢餓のない日本に生まれて、じぶんの好きな場所に住み、仕事を選ぶ自由があること。

今、じぶんがすでに手にしている、すばらしい宝ものに気づいて感謝しているでしょうか。

また「ダイアログ・イン・ザ・ダーク」にいくと、まわりにいてくれる人たちへの感謝の気持ちも湧いてきます。

「ダイアログ・イン・ザ・ダーク」では、たった一人で暗やみに取り残されるのではなく、チームで一緒に行動します。

でも、目を開けても閉じても変わらない真っ暗な空間では、メンバーの姿さえ見えません。

じぶんの手の届く範囲しかわからない中、チームのメンバーが「ここに壁があるよ」「こっちにはブランコがあるよ」と声をかけあうのです。

そんなとき「助けあうことができる仲間の存在ってすばらしい！」と、しみじみと感じます。

「お金ちゃん」そのものに感謝するのはもちろん大切です。

でもときには、今、じぶんがすでに手にしているものを振り返ると、感謝の気持ちがより深まり「ミラクルなお金ちゃん」がぐるぐるめぐるようになるのです。

感謝は複利で増えて押し寄せてくる

ビジネスを営んでいる方でしたら、お客さんに喜ばれる製品やサービスを提供したら「売り上げ」というカタチで感謝が返ってくるという感覚がおわかりになるでしょう。

でも、たとえ経営者でなくても、
暑い中いらっしゃったお客さまに、冷たいおしぼりを出したとき。

見やすいように資料をまとめたとき。

問い合わせがあったお客さまに、便利な製品を紹介したとき。

など、あなたがする仕事によって「ありがとう！」といわれる機会は無数にあるはずです。


ビジネスの場だけではありません。

友だちに、ほしがっていた時計の情報を教えてあげる。

休みの日には、パートナーの大好きなハンバーグをつくってあげる。

同じマンションに住むおばあちゃんの、ゴミ出しを手伝ってあげる。

など、まわりの人に喜んでもらえる行動は、すべて「感謝預金」に積み立てられます。

「感謝預金」はすごいです！

なんと、複利で感謝が増え「お金ちゃん」となって、あなたのもとに押し寄せてくるのです！

以前に私のもとで仕事を手伝ってくれていた「トシくん」は、現在、バリ島に住んでいます。

日本にいたときは、保険の営業マンとして活躍していましたが、バリ島では、現地に移住したい人や不動産を買いたい人のコーディネートをしています。

もちろん、なにもないところからのスタートですから、最初は苦労したそうです。

バリ島暮らしがイヤになった奥さんと子どもが日本に帰ってしまうというハプニングもありました。

一人になってしまった「トシくん」は、日本食が恋しくなり、なんとどこからか納豆菌を手に入れてきて納豆をつくり始めたのです（笑）。

バリには日本食を扱うスーパーが少ないので、納豆は貴重品です。

「トシくん」は「バリ暮らしが長い日本人も、納豆を食べたいだろう」と考え、お茶をしたりランチをしたりするときに、プレゼントをしていたそうです。

すると、貴重な納豆をわけてくれる「トシくん」に感謝する人たちが、トシくんをご飯や飲み会に誘ってくれるようになり、「トシくん」は一人でもさみしくなくなったそうです（笑）。

また、「どうせならトシくんに」と、お客さまを紹介してくれる機会が少しずつ増えて、仕事も順調になっていったのです。

これって考えてみれば不思議でもなんでもありません。

「あの人と仲良くしておけば、誰か紹介してくれるかも？」などという打算で行動している人相の悪い人。

「誰かを喜ばせることがじぶんの喜び」と考えてニコニコ楽しそうにしている人。

あなただったら、どちらの人の印象がいいでしょうか。

どちらの人の隣に座りたいですか。

どちらの人と一緒にご飯を食べたいですか。

聞くまでもありませんよね。

「お金ちゃん」だって同じです。

「人に喜んでもらえばじぶんも楽しい！」と行動する人のところに集まってくるのです。

どんなできごとにも感謝できることはある

「先輩に仕事を押しつけられて、今日も残業……」

あなたはそんなとき「なんで私ばっかり……」と落ち込んだり「ふざけんなー」と心の中でブチ切れたりしていませんか。

どんなできごとにも「感謝」できる側面があります。

たとえば、仕事がほしくて探していても見つからない人は世の中にたくさんいます。

残業するほどやるべきことがある会社で働けるのは、ありがたいことだと考えられるでしょう。

そして、たくさん仕事をまかされているのは、信頼されている証拠です。

クビにもならずに働けていることに感謝すれば、自然とイヤな顔をせずに「じゃあ、この仕事はどうやったら、ベストな結果を最短で出せるか？」と工夫することができるはずです。

そうして、アタマをひねって積んだ経験は、あなたの血となり肉となって宝ものになります。

ここで、いろいろなトレーニングをしておけば「いざ、副業！」というときに役立つこともあるでしょう。

さらに、知恵を絞って楽しげに働くあなたの姿を「お金ちゃん」が見逃すはずはありません！

日々の暮らしでも感謝できることはいくらでも見つかります！

「あー、また雨か」とくらーい表情になるよりも「ホコリが取れて、空気がキレイになる！」と雨に感謝しましょう。

信号が目の前で赤になってもイライラせずに「よし、その間に首のストレッチができる」とよぶんにできた時間に感謝しましょう。

レストランでオーダーしていない料理が運ばれてきたら「じぶんでは頼まない料理を試すチャンス！　ありがとう」と思えばいいのです。

目の前に起きたことのよい側面に光をあてるのは、ゲームのようでクセになります（笑）。

よい面を見ることでその瞬間を楽しめますし、感謝すれば「感謝預金」も積み立てられると、これはいいことずくめなのです！

よいことをするのは中毒になる

ビジネス書などで有名な話に「デキる社長は、じぶんでトイレを掃除する」というのがあります。

でも、こんな話を聞いて「トイレ掃除くらいで、会社がうまくいくわけないじゃん」「人生が変わるわけないよね」という人が少なからずいることを知って、私はショックを受けました。

もー、ビックリです。

よい行いをバカにする人は、人生で損をしまくってますよ、もったいない。

私は、訪問した会社や外出先のお店のトイレに入ったときは、毎回、掃除をしてピカピカに磨き上げます。

お掃除道具をそれぞれのトイレに置いていない会社やお店が多いので、ペーパーを手に巻きつけ、便器の中や便座の裏までゴシゴシします。

そのくらいまですると、汚れがしっかり落とせてニオイもまったくしません！

「このあと、トイレを使う人はどれだけ気持ちよく過ごせるのだろう！」と思うとワクワクします。


あるお店で、いつもの通りに掃除をしてトイレから出ると、たまたま私の次にそのお店のスタッフさんが入りました。

ピカピカのトイレを見て「掃除の時間じゃないのに？」と疑問に思ったそうです。

そこで、私たちのテーブルにオーダーの品を持ってくるついでに「お客さん、ひょっとしてトイレのお掃除をしてくれましたか？」と聞いてきたのです。

「はーい！　私、しましたー」というと、ほんとうにビックリされて、なんとサービスのデザートをいただいてしまいました！


そんな私でも「忙しすぎて心にゆとりがなかった時期」は、あまりよいことができていませんでした。

すると、これといった理由もないのに心が荒れて、じぶんに価値が見出せなくなり、内側から輝けなくなります。

「これじゃ、いかん！」と思ってするのが、目の前の相手や誰かが喜ぶことです。人や動物に喜ばれて「ありがとう！」といわれると（動物はいいませんが）、プラスのエネルギーをいただけて心が元気になり、もっといいことをしたくなります。

私は「バゲボラ（バッゲージボランティア）」という活動をしています。

「バゲボラ」は、じぶんの移動のついでに、イヌやネコを里親となる人のもとに運ぶお手伝いをします。

そうすることで、保護されたイヌやネコが、保護主から遠いところに住む方に引き取ってもらえる機会が増えるのです。

このボランティアを始めてから、ワンちゃんやネコちゃん、そして空港のゲートで待つ新しい家族の皆さんに感謝されているかのように、これまで以上によいことばかりが起きています（笑）。

私のまわりにいる「ミラクルマネー体質」の方たちは、皆さん、自然によい行いをして光り輝いています。

人が見ていようがいまいが、よい行いをするとじぶんを信頼できるようになります。

つまり「自信が身につく」ということです。

静かな自信にあふれている人は、内側からキラキラと輝くのです。

どんな小さなことでもいいのです。

落ちているゴミを拾って捨てる。

マンションの入り口を掃除する。

じぶんを磨いて、たくさんの「お金ちゃん」に集まってきてもらいましょう。

信用を積み重ねると「お金ちゃん」が戻ってきてくれる

よい行いをすると「ミラクルなお金ちゃん」がたくさん押し寄せてくる。

そんな話に「ほんとうかな？」と確信が持てないあなた。

もう少し、現実的な表現に変えてみましょう（笑）。


「信用＝価値の積み重ね」です。

世のため、人のためになることを続ける（価値を積み重ねる）と、まわりから信用されるようになります。

信用ポイントが貯まれば貯まるほど、交換できる「お金ちゃん」の金額もアップするのです。


あなたは「ミラクルマネー」ってどこから降ってくると思いますか。

まさか、ほんとうに空からお庭にばらまかれると思っているでしょうか（笑）。

もちろん「ミラクルマネー体質」を極めると、朝起きたら枕元に札束が積まれていたなんていうこともあり得ます。

でも、基本的にはお金は銀行に振り込まれます。

「え、振り込み？　誰から？　宇宙から？」

いえいえそうではありません！

あたりまえのことですが、人間から振り込まれるのです。

仕事の報酬や、商売をしている人ならお客さまからいただくお金。

また、直接、お金を手渡ししてくれるというだけでなく、あなたに役立つ情報やおトクな知らせなども、すべて人からもたらされます。

そう考えると、世のため、人のためにいいことをしていると、信用されて、振り込まれる金額が増えるというサイクルがあっさりと理解できるのではないでしょうか。

私は20年ほど前から、女性の起業を応援する「女性起業塾」という塾を主宰していました。一時期は、他社に事務局をおまかせしていましたが、今はまた、復活しています。

この塾で私は、一人一人がたくさんの人に応援してもらうために「ブログを書いて、じぶんの想いを発信しよう！」といい続けてきました。

スタート時は、まだスマホは存在せず、ブログもさほど浸透していませんでした。

でも塾生には、必ずブログをつくり「どんな想いを持っているか」「なぜ、今の活動をしているか」「日々、どういう動きをしているか」など、失敗やトラブルを乗り越える様子も含めて書き綴ってもらったのです。

すると、いざ起業をするタイミングがめぐってきたときには、全員が、家族はもちろん、多くの友人や読者がファンとなって応援してくれたり、お客さんになってリピートしてくれたりするという成果が表れたのです。

これも、じぶんへの信用が「お金ちゃん」となって戻ってきてくれるよい例ではないでしょうか。

今なら「クラウドファンディング」というしくみもありますよね。SNS以外にも、こうしたしくみを利用すれば、「ミラクルなお金ちゃん」が集まりやすいでしょう。

感謝していると応援してもらえる人になれる

こんな話を聞いたことがあります。

あるプロスポーツのチームで、抜きん出て実力がある選手がいました。

本人も、じぶんの力をわかっているのか「技術を磨けば世界のトップに立てる」と日夜がんばっていたそうです。

ただ、この選手は「勝ちたい！」「もっと上にいきたい」という気持ちが強いあまり、すぐにほかのチームの選手とケンカしたり、審判の判定に文句をつけたりしていたのです。

あるときから、わからないように嫌がらせをされたり、じぶんとチームに不利な判定をされたりすることが増えてきました。

文句をいっても無視されるだけ。

そしてついに、外国人の審判から「二度と活躍できなくしてやる」とささやかれたそうです。

そのときに初めて「感謝が足りなかった」と気づいたこの選手は、翌日、すぐに審判に謝りにいきました。

そして、じぶんがこうして試合に出られるのも、

ボールをひと針、ひと針縫ってつくってくれるメーカーの人。
どうすればカッコよくなるかを考えて、ユニフォームをデザインしてくれる人。
神経を張りつめてジャッジしてくれる審判。
スタジアムに集まって、熱心に応援してくれるたくさんのファン。
みんなが楽しめるよう、会場を設計してつくってくれた人。
じぶんたちに期待し、スポンサーをしてくれる会社の人。

じぶんたちにかかわっている、ありとあらゆる人のおかげだということに気づいた

のです。

また「感謝していると応援される」一方で、「応援していると感謝される」というサイクルもあります。

ここで最後に「応援する」→「感謝される」という流れが生まれ「ミラクルマネーの魔法のスパイラル」が起きている私の実例をご紹介しましょう。

私はもともと「女性起業塾」を主宰したり、起業を希望する人のプレゼンを聞いて出資する「¥マネーの虎」というテレビ番組にも出演していたりと、人を応援するのが大好きで得意です。

ただ起業を志しても「最初は小さく始めよう」と考える人が少なくありません。

そのため、店舗を持たなくてもよいので初期費用が抑えられ、クチコミで商品を販売するため広告宣伝費もかからない「MLM（マルチレベルマーケティング）」という販売形態のビジネスを始める人が一定数いることが心に引っかかっていました。

ＭＬＭ自体は、いわゆるねずみ講などとは違って、ビジネス手法の一つであり特に問題はありません。

ただ、会社によっては、自社商品の購入を強要する場合もあり、在庫を抱えて苦しんでいる人がいることに心を痛めていたのです。

そんな人たちを見るにつけ、どんな人でも起業しやすい手法や、安心して副業を始められるしくみがつくれないものかと、私は10年以上、ずっと考えていたのです。

そんなある日、さまざまなミラクルが重なり「起業したい！」「副業したい！」人が、在庫や初期投資の負担を抱えることなく、スムーズにじぶんのビジネスをスタートできるしくみを、ミラクル的にひらめいたんです。

もともと私の実家では、梅干しやぬか漬けだけでなく、お味噌やお醤油などの調味料、そして麹まで手づくりです。だから沖縄の自分の店たちも、酵母が生きているお味噌を使ったタレを自家製でつくったり、しゃぶしゃぶではポン酢は４ヶ月熟成させたりとこだわっています。フルーツを発酵させてつくるドリンクや梅酒なども自家製があたりまえです。

そのため私は、友人やスタッフが体調を悪くしたりすると、麹を入れたおかゆや酵素ドリンクを差し入れて元気を取り戻してもらっているのです。


半年で10キロもやせた私（笑）。更年期障害を克服できた友人、アレルギー体質が治った友人、体臭が気にならなくなった友人、タバコをやめられた友人、不妊で悩んでいたのにおめでたとなった友人……おお！　酵素ドリンクってすごい。

そこで酵素ドリンクを使ったファスティングをサポートするシステムを生み出すことになったのです。

サポートをするシステム……いえいえ。それだけじゃない。単なるサポートじゃなくて、「みんなにお金が入る・流れるしくみ」として、みんなが稼ぐための財団法人をつくったのです。きちんと資格も取得していただき、お金につながるしくみなんです。「うれしい！　楽しい！　誰かの役に立つ！」をやっているとミラクルマネー体質になっていくのですが、「やり方がわからない」とか「早くミラクルを起こしたい」とか「そうはいっても老後が心配」（笑）と、この本を読んでもまだそんなことを心配しているような人のためのプログラムでもあります。

工夫した点は、「在庫を抱える心配もない」「先の人だけが得するＭＬＭ・ネットワークビジネスでもない」「過度な営業をする必要もない」、そしてなにより「みんなに喜ばれる！」……頭をひねって、ひねって考えましたよー。

この取り組みはですね、これまで山のように良いこともつらいことも経験してきた私にとって、「最後のライフワーク」ともいえるようなプロジェクトでアイデアの集大成で挑戦なんです。

ひと月あたり数十万円稼ぐことなんて全然余裕〜！　という方をたくさん輩出するのが私の目標であり、楽しみとすることに決めたんです。

「もっとお金がほしい」という思いから、これまでに「アフィリエイト」「ＦＸの自動売買」「株取引」「ＭＬＭ・ネットワークビジネス」などに取り組んできた方もいると思います。

でも、それは果たして「うれしい！　楽しい！　誰かの役に立つ！」になっていたでしょうか？　なによりじぶん自身が楽しかったでしょうか？

恐らく答えは「ＮＯ」だと思うんです。

一見簡単そうに見えてもなかなかそううまくいかなかったり持続できなかったんじゃないかなぁ、と思うんです。


ご興味ある方は、ワタクシが開発した、このユニークなしくみ。のぞいてみませんか？

私はね。とにかくこのしくみを人生最後の「ひらめき！」と思って楽しく取り組んでいます。

※「尾崎友俐がひらめいた、健康に！　キレイに！　喜ばれながら稼ぐしくみってなに？」という方は、下記で説明しているのでご覧くださいね。
https://www.ozakiyuri.net/tokuten/

STEP 3

ミラクルを起こし続ける！

まとめ

＊私たちがカラダを授かったのは「地球で冒険とアクション研修」をするためです。
アクションを起こし続ければ、ミラクルの扉が次々と開きます！

＊じぶんの可能性を最大限に広げ、じぶんの価値を高めてキラキラと輝きましょう。
そのための「努力」は、惜しまずに。
「努力」は、じぶんの夢のためにするものです！

＊「現在」が過去も未来も変えてくれます。
全力で「現在」を楽しむ人のことが「お金ちゃん」は大好きです。
つらいときも笑顔を忘れずに乗り切りましょう。

＊ネガティブなエネルギーは受け取らない、発しない。

どんな問題でも深掘りすれば、解決方法は見つかります！

マイナスの気持ちでいる時間は少しでも短くして、キラキラ輝きましょう。

＊「お金ちゃん」は感謝がカタチになったもの。

「お金ちゃん」に感謝するのはもちろん、日ごろ「あたりまえ」と思いがちな、じぶんの健康や仕事、住む家があることなどにも感謝です！

＊「感謝預金」を積み立てよう！

誰かに喜んでもらったら、じぶんもうれしいですよね。

「ありがとう！」といわれる機会を増やすのは「感謝預金」を積み立てているのと同じです。

感謝は複利で増えて「お金ちゃん」となって返ってくるのです。

あとがき

20年前に起こったミラクルとは!?

1軒の焼肉店からスタートし、店舗数が10店を超えたころ。

忘れもしない2001年9月に「BSE（牛海綿状脳症）問題」が発生します。

月商2億円だったのが、BSEの風評被害で、いきなり月商1000万円を切ってしまったのです。

なんと、これまでの20分の1。

毎月の支払いは、銀行の返済が1000万円、家賃2000万円、仕入れ6000万円、スタッフのお給料も数千万円。

どう計算しても必死になってかき集めても、どうしても82万6000円足りないときがありました。

「あぁ、もうダメ。どうしよう……」

アタマを抱えても、お金が降って湧いてくるわけではありません。

「待ってほしい」とお願いし、必ず期日に払うと約束したのに。

約束が果たせない。恥ずかしい。情けない。

この日は金策であちこち駆けまわっていたので、ヘトヘトでいつの間にか寝てしまっていて、起きたらもう朝！

うわー、銀行にいかなくちゃー！

でも、ああ、嫌だなあ。

「足りません」というのは気が重い。

でも、いかなくちゃね。

やるだけのことはやったし、もーどーにでもなれ！　と、開き直っていくしかないわ！　と、銀行に向かったのです。

「担当の人に謝らなくちゃ」と、呼んでもらったら、

「尾崎さーん。大変な中ご入金ありがとうございまーす」と、いわれたのです。

へ???

足りなかったでしょ?

と、いったら、なんとしっかり引き落とされていたというのです。

「えー!?　なんで?」と、通帳を記帳してみたら、82万6000円が振り込まれていたのです。

は??　なぜなぜ?

アタマの中はクエスチョンマークでいっぱいです。

調べてみると、売掛にしていて回収できていなかった昔の取引先からの入金でした。

この取引先は、経営難で経営者が行方不明になっていました。

実際はもっと多くのお金が未回収だったのですが、分割分としての振込だったのです。

それにしても、足りない金額ピッタリ振り込まれるって。

「なにこれ。神さま？」と、思わずにはいられませんでした。

その事件があったときから、私はお金とお金の不思議について、ずっと研究をしてきました。

研究を始めてみると、あるある！　不思議の数々！

「¥マネーの虎」という、日本テレビの投資バラエティー番組にレギュラー出演させていただいたのもこのころからです。

「お金に困っていた立場」から「お金を出資する立場」へ。

さまざまな経験を通し、どうしてお金に困る人がいるのか、どうしてどんどん入ってくる人がいるのか、一体なにが違っているのか、「研究、実験、検証」をずーっと続けてきました。

そして「ミラクルマネーの法則」を見出したのです。

「なーんだ、そんなカンタンなこと⁉」

私は、この本を読んでくださった方たちに「『ミラクルマネー体質』になるって、そんなカンタンなことでいいんだ！」と感じてほしいと思っています。

なぜなら、実際に「ミラクルなお金ちゃん」を引き寄せるのは、難しいことでもつらいことでもないからです。

むしろ、じぶんを幸せにしながら「お金ちゃん」といい関係を築ける、最高の方法なのです。

しかし！

残念ながら「そんなことあるわけないよね？」とミラクルを信じず、外から流れ込む情報に惑わされてじぶんを見失っている人は少なくありません。

また「そんなカンタンなことなら誰でもやってるよー」といいながらも、実は「できていない」人ばかりです。

クリスマスなどのイベントを重視しない。
ゴシップネタに興味を持たない。
人に気を遣いすぎない。
「お金ちゃん」は価値ある使い方をする。
未来を心配しない。
小さなよいことを積み重ねる。

など、カンタンそうでいて、継続するのは難しいものもあるかもしれません。

でも「難しいな」と感じるポイントこそ、やってみていただければ、必ず大きな変化を実感できるはずです。

人生は「地球での思い出づくり」

私は、人間は誰でも「地球旅行」にきていると考えています（笑）。

旅行に出かけたら、みんな「楽しもう！」と思いますよね。

だから、見知らぬ土地に遊びにいっているように、たくさんのことにチャレンジし、精いっぱい楽しんでいる人を、「ミラクルなお金ちゃん」はニコニコ笑いながら見守ってくれるのです！

地球旅行で、たくさんの思い出づくりをしましょう！

あなたが高校野球の選手だとしたら「2回戦で負けてしまったから、甲子園に出場できないほうがよかった」と思うでしょうか。

そんなことは絶対にないですよね。

結果がどうであれ、チャレンジして出場したことは、圧倒的に思い出に残るはずです。

「まわりの人にどう思われるか？」

「世間では、こういわれているのに……」

などと、じぶんの心以外を判断の基準にして生きるのは、もうやめましょう。

もっと楽しんでいいのです！

私の夢は、たくさんのチャレンジをして「ああ、楽しい人生だったなぁ。ありがとう、地球旅行！」とほほ笑んで死ぬことです。

「他人のこと」でアタマをいっぱいにしているヒマはないのです！

誰かと競争しているヒマはないのです！

自由に！　楽しく！　じぶんらしく！

「じぶんらしさを取り戻す」と誓ったときから、ミラクルマネーの扉は開かれるのです！


この原稿の最終チェックをしている２０１９年10月31日。私の店のすぐそばにある首里城が燃えてしまいました。死者が一人も出なかったことは幸いかもしれませんが、全焼です。でも不思議なことに涙が一粒も一滴も出ませんでした。あまりに当事者だと、泣くより今後のことで頭がいっぱいになるものなのかもしれません。

不安で頭がいっぱい？　いいえ。違います。これからどうやっていこうか！　どうすれば私らしくみんなと協力して楽しく復興できるか！　ワクワクで頭がいっぱいなのです。悲嘆にくれるのは簡単。でも、前へ前へ進むべく、「今」を大切にしたいとチャレンジ精神がムクムク湧いてきました。これも地球旅行の思い出づくりの一つだと思って「また試練か――！」と思わずに楽しみながらみんなで復興活動をしようと決めました。

この本には、たくさんのことを教えてくださり、今もきっと見守ってくださっている、船井総合研究所の創業者で、今は亡き船井幸雄氏、「お金の不思議ちゃん」と私を呼び、かわいがってくださる神田昌典先生、たわいのない会話から、たくさんのヒントを与えてくれる友人・香港大富豪のＨＫ氏と語りあった、お金と生き方のエッセンスが込められています。

お世話になった、すべての方に感謝します。

著者プロフィール

尾崎友俐

おざきゆり

27歳の時に世界一周旅行を経験し帰国後起業。炭火焼肉店を多店舗展開したものの、狂牛病により全店舗の業態を変更した後に売却。数多くのドン底からの一発逆転の経験を生かして、日本初の飲食店専門のM&Aや、プロデュース、プロモーション、コンサルを開始する。

日本テレビ投資バラエティー番組「¥マネーの虎」レギュラー出演（現在は放送終了）。投資先はフランスロール。ナカタドットネットカフェプロデュース、Yahoo!カフェコンサル、livedoorカフェプロデュース、朝青龍関引退記念断髪式総合プロモーションなど、精力的に活動。FAX新聞は1997年より、メルマガは2003年より開始。

神田昌典氏の発案により「女性起業塾」創業。船井幸雄氏の協力により「女性総合研究所」創業。「¥マネーの虎」終了後は沖縄に移住。神の島久高島で神女のおばぁに心と魂の本質を学ぶ。現在は沖縄で飲食直営店4店舗を経営する他、より輝いて楽しく素晴らしい人生を歩むための副業サポートやライフスタイルサポート活動に注力し、人と共生する動物達への支援活動も行なっている。

株式会社オリエンタルホールディングス創業者
http://oriental-japan.co.jp/
女性起業塾創業者・主宰
http://www.jyoseisouken.com/class.html
女性総合研究所創業者・主宰
http://www.jyoseisouken.com
財団法人日本ファスティング協会理事長
http://japan-fasting.or.jp
富裕層専門結婚仲介　プレミアムクラブ
http://oriental-japan.co.jp/premium/
社会貢献活動や各種分科会　オリエンタルサロン
http://www.orientalsalon.jp/?odr

※「尾崎友俐がひらめいた、健康に！ キレイに！ 喜ばれながら稼ぐしくみってなに?」という方は、下記で説明しているのでご覧くださいね。
https://www.ozakiyuri.net/tokuten/

お金って不思議。
金運はこうして動き出すの
ミラクルマネーの法則

2020年2月5日　第1刷発行

著　者　尾崎友俐
発行人　見城 徹
編集人　福島広司
編集者　鈴木恵美

GENTOSHA

発行所　株式会社 幻冬舎
〒151-0051 東京都渋谷区千駄ヶ谷4-9-7
電話　03(5411)6211(編集)
03(5411)6222(営業)
振替　00120-8-767643
印刷・製本所　近代美術株式会社

検印廃止

Printed in Japan
ISBN978-4-344-03566-9　C0095
幻冬舎ホームページアドレス　https://www.gentosha.co.jp/

この本に関するご意見・ご感想をメールでお寄せいただく場合は、
comment@gentosha.co.jpまで。

『お金って不思議。金運はこうして動き出すの
ミラクルマネーの法則』読者特典

嬉しい！ 楽しい！
感謝される副業！
スマホがあれば大丈夫！

もしあなたが

「もう少しお給料があがればな〜」

「何か副業で生活資金を稼ぎたいな〜」

「お金を気にせず趣味や旅行にお金を使いたい！」

と考えているのでしたら

私が開発した、空いた時間にスマホがあればできる、

在宅での稼ぎ方を学んでみませんか？

嬉しい！ 楽しい！ だれかの役に立つ！

しかも継続的に稼ぐ事が出来る仕組みとなっております。

下記URLもしくは**QRコード**よりご確認頂けます。

https://www.ozakiyuri.net/tokuten/